Wien – Geheimnisse einer Stadt

HOFBURG

Gabriele Lukacs

Wien Geheimnisse einer Stadt

Rätselhafte Zeichen
Verschlüsselte Botschaften

Mit Fotos von Sven Posch

pichler verlag

Inhalt

Mystery Tour durch Wien

Wer mit offenen Augen durch Wien spaziert, der wird mancherorts seltsame Zeichen, rätselhafte Symbole oder gar unlesbare Inschriften finden. Verborgen hinter glanzvollen Fassaden, hütet Wien seine Geheimnisse. In alten Kirchen, auf unscheinbaren Denkmälern oder auch in versteckten Hinterhöfen – manchmal offensichtlich, manchmal verschlüsselt – gibt es jedoch für den Spaziergänger geheimnisvolle Codes, kryptische Botschaften und rätselhafte Zeichen zu entdecken.
Welches geheime Wissen wurde in der Architektur von Schloss- und Parkanlagen, in Kirchen und Kathedralen verschlüsselt? Wer hat die Geheimzeichen und -schriften ausgedacht? Wer hat die verborgenen Botschaften hinterlassen?
Diese und andere Fragen werden wir auf unserer Wanderung durch Wien zu beantworten suchen. Der Entdeckerpfad führt uns durch mittelalterliche Kirchen und Geheimarchive, zu symbolbeladenen Denkmälern und rätselhaften Inschriften. Am Ende unserer Tour durch das verborgene Wien werden auch Sie die Codes und Geheimzeichen entschlüsseln können.

Stephansdom: Andachtsgesten hinterließen im Lauf der Jahrhunderte ihre Spuren am Stein des heiligen Koloman

Gabriele Lukacs

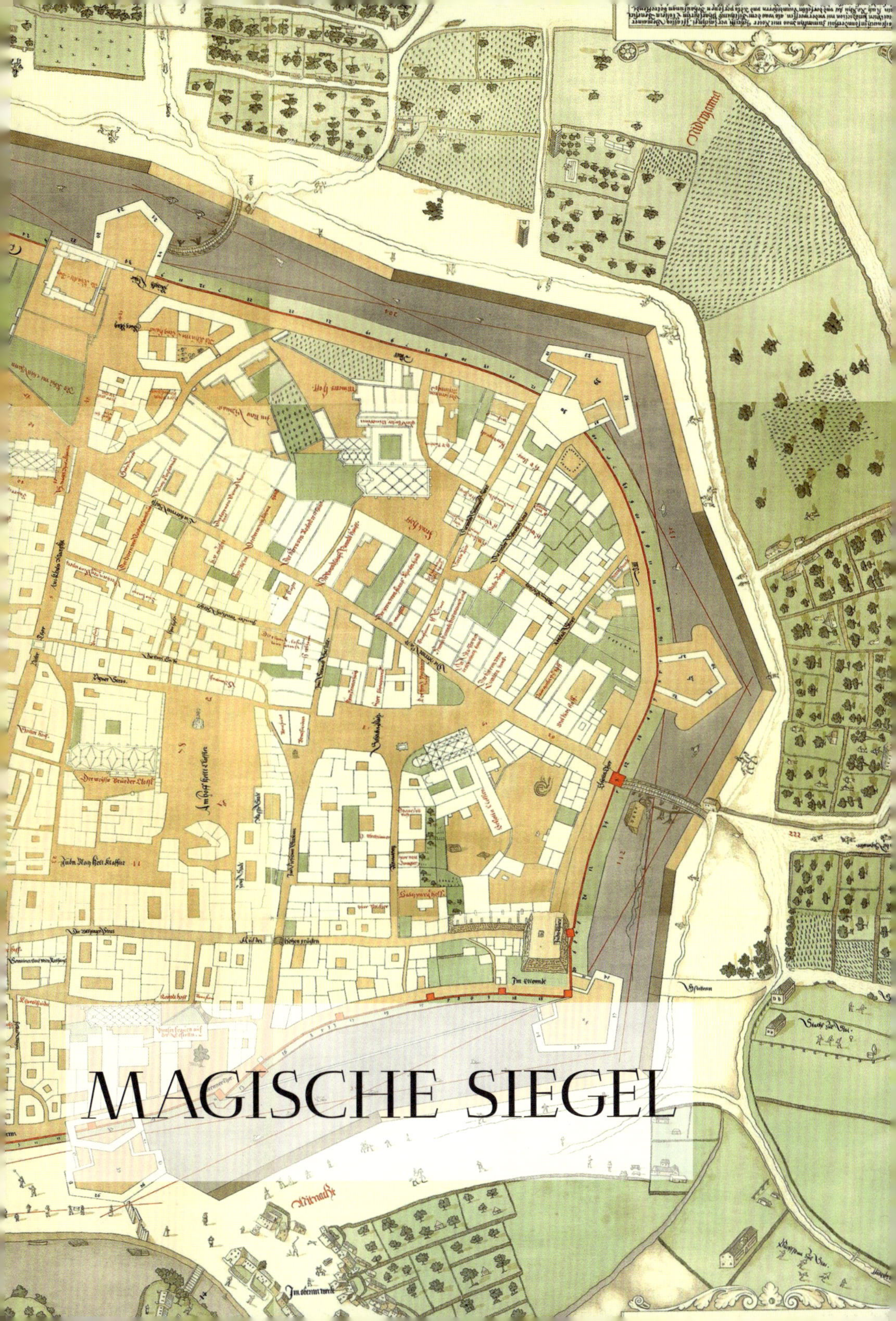

MAGISCHE SIEGEL

Die Mitra von Wien

Ein Zeichen liegt über der Stadt

Wiener Schottenaltar, gotischer Flügelaltar um 1470: Detail aus Flucht nach Ägypten mit der ältesten Darstellung von Wien

Viel ist über das Werden Wiens bereits geschrieben worden. Unzählige Stadtführer berichten über Entstehung und geschichtliche Entwicklung dieser Metropole. Kelten, Römer, Germanen, alle haben sie ihre Spuren hier hinterlassen. Die günstige Lage an den Hängen des Wienerwaldes und am Donaustrom verdankt Wien wohl den Kelten, die als erste Siedler hier bekannt sind. Den Grundstein zum heutigen Aussehen der Stadt legten die Römer mit einer Garnison am Donaulimes. Die Einteilung in vier Viertel mit zwei einander kreuzenden Hauptstraßen, der Via principalis und der Via decumana, sowie der umgebenden Stadtmauer folgte dem Muster der *Roma quadrata* und war in allen Garnisonsstädten des Imperium Romanum identisch. Und selbst heute noch ist im Stadtplan dieses römische Stadtgründungsmuster erkennbar. Danach kam das „dunkle Mittelalter". Ab der karolingischen Ära kann man erstmals von einer Stadtentwicklung sprechen. Und nun wollen wir uns von der konventionellen Fortschreibung der Geschichte Wiens ein wenig entfernen und eine andere Sichtweise wagen.
Ab der Christianisierung übernehmen Kirchenbauten eine zentrale Rolle in Wien. Man baute das Himmlische Jerusalem, die ideale Stadt, auf den Grundmauern des zerstörten Römerkastells. Und zwar nicht planlos, sondern nach festgelegten Regeln. Das Stadtzentrum war der heilige Ort, um den sich alles gruppierte. Eine mittelalterliche Stadt hat sich demnach nicht entwickelt, indem sie durch Bevölkerungswachstum immer größer wurde, sondern sie wurde auf dem Reißbrett entworfen. Und zwar von Stadtplanern, die sich an die Heilige Geometrie, die Maßangaben in der Bibel, hielten. Diese Erkenntnis ist insofern überraschend, als wir immer vom Wachsen und Werden und nie vom Planen einer mittelalterlichen Stadt sprechen. Dieser Aspekt der Stadtgründung wird selten bis gar nicht in den Geschichtsbüchern behandelt. Umso mehr wollen wir ihn am Beispiel Wiens einmal genauer betrachten.

Das Himmlische Jerusalem

Die Anweisungen zum Städtebau sah man als von Gott selbst gegeben, denn er war der oberste Baumeister, Architekt und Geometer. Maßangaben, Proportionen und Anleitungen fand man im Alten Testament. Mehrere Stellen berichten über die Vision des Ezechiel mit der von einem Engel vermessenen Stadt. Im Neuen Testament beschreibt

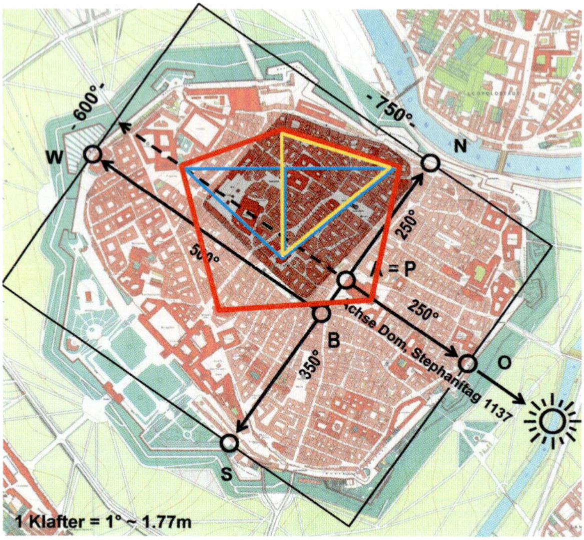

Die mittelalterliche Stadtgründung von Wien im 12. Jh. (Planzeichnung Erwin Reidinger, Hervorhebungen Gabriele Lukacs) Die ältesten Kirchen Wiens im Dreieck (gelb) werden mit der Schottenkirche 1155 zu einer größeren Schutzzone erweitert (türkis) und mit St. Stephan und St. Michael zur Mitra von Wien (rot)

der Evangelist Johannes seine Vision von der idealen Stadt, dem Himmlischen Jerusalem. Der Kirchenlehrer Augustinus berichtet, dass Gott die Welt durch Zahlen und geometrische Linien ordnet und das richtige Maß angibt. Daraus leitete man den Gründungsbauplan einer Stadt ab.

Um 1050 befanden sich nördlich der Kleeblattgasse eine Burg und drei Pfarrkirchen, berichtet die Wien-Chronik. Die ältesten Kirchen Wiens, die ab der karolingischen Epoche auf römischen Grundmauern entstanden, sind St. Ruprecht, St. Peter und Maria am Gestade (eine Vorgängerkapelle ist hier ab dem 9. Jahrhundert belegt, eine Kirche ab 1137). Der Grund für die Errichtung von drei Kirchen ist die Anweisung im Alten Testament dreimal im Jahr die Hauptfeste zu feiern, welche man auf drei Kirchen verteilte, und zwar zeitlich und räumlich gleichermaßen. In kleinen Städten erfüllten die Pfarr-, Spitals- und Klosterkirche diese Aufgabe, in größeren baute man drei Pfarrkirchen.

Wer nun den Stadtplan genauer betrachtet, erkennt, dass diese genannten Kirchen in einem Dreieck zueinander stehen. Verbindet man zwei der Kirchen mit einer Linie auf dem Plan und zieht von dieser mittig einen senkrechten Strich zur dritten Kirche, ergibt sich das Zeichen des T-Kreuzes. Es ist das so genannte TAU, der griechische Buchstabe T und das Symbol für Kreuz, griechisch *stauros*, mit dem Zahlwert 777 (6 + 1 + 400 + 100 + 70 + 200 = 777). Warum wählte man gerade diese Kirchenstandorte? Was war der Zweck dieses Symbols mit dem magischen Zahlwert?

Im Zeichen des Kreuzes

Man legte mit der TAU-Formation der ältesten Kirchen Wiens ein Zeichen über die Stadt, ein magisches Siegel, getreu dem TAU-Muster des Himmlischen Jerusalem und getreu der Vorgabe *in modum crucis* – „im Zeichen des Kreuzes“ sollt ihr bauen. Dieses magische Zeichen sollte die Stadt schützen und alle Gefahren von ihr fernhalten.

Die Dreiteilung wurde aber nicht nur räumlich vollzogen, sondern auch zeitlich. Wie ist das möglich? Um diese Frage zu beantworten muss man die Patrozinien der Kirchen und ihre Festtage aufschlüsseln. Die Patrozinien sind: St. Ruprecht – 27. März, St. Peter –29. Juni und Maria ad presepem – 25. Dezember (hier folgte man offenbar dem Muster Roms). Mit Staunen erkennt man nun, dass es jeweils um die 90 Tage sind, die zwischen den Festtagen der erwähnten Kirchenheiligen liegen. 25. 12. + 91 Tage = 27. 3. + 93 Tage = 29. 6.

TAU und X

Der Babenberger Herzog Heinrich Jasomirgott veranlasste die Erweiterung Wiens durch irische Benediktiner, genannt „Schottenmönche", die er aus Regensburg berief, und unterstellte ihnen St. Peter, St. Ruprecht und „eine (nicht näher genannte) Marienkirche". Mit dem Bau der Schottenkirche 1155 schuf Heinrich Jasomirgott nicht nur ein Mausoleum für sich selbst, sondern erweiterte das magische TAU zu einer größeren Schutzzone. Die Schottenkirche bildete nun das linke, St. Ruprecht das rechte Ende des Kreuzbalkens, St. Peter das Ende des Längsbalkens. Wie perfekt diese Formation geplant war, erkennt man daran, dass die Querverbindung Schottenkirche–St. Ruprecht exakt West-Ost orientiert ist und die Kirchen in einem rechtwinkeligen, Dreieck mit den Proportionen 4 : 5 : 7 zueinander stehen. Dreiecke galten ebenso wie Kreise oder Pentagramme als geometrische Figuren mit magischer Wirkung. Getreu dem Vorbild Jerusalems steht im Norden Wiens der unverbaute Berg mit der Stadtansicht, der die Babenbergerburg beherbergte. Später, nämlich 1421, wird dann das Alte Rathaus am Kreuzungspunkt des TAU errichtet werden. Sicher auch das kein zufällig gewählter Standort. Bezieht man die Kirche Maria am Gestade in die neue Formation mit ein, ergibt sich das christliche Kreuzsymbol mit dem überstehenden Längsbalken. Heinrich hat nicht nur die Schutzzone erweitert, sondern auch ein neues Siegel, das christliche Kreuz, über die Stadt gelegt.

Die Mitra oder das Kirchen-Pentagramm

Eine neuerliche Stadterweiterung unter Heinrich Jasomirgott bringt eine neue Formation. Sie umschließt St. Ruprecht, St. Stefan, St. Michael und die Schottenkirche auf einem Kreis mit dem Radius 200 Klafter (380 Meter). Die Lage der Kirchen entspricht in etwa den Himmelsrichtungen. Die Vorgabe liefert wiederum die Bibel, die besagt, dass kein Jude mehr als 2.000 Ellen von der Synagoge entfernt wohnen soll. Diese 2.000 Ellen wurden für Christen verschieden interpretiert: als 2.000 Schritte, bei den Benediktinern zwei römische Meilen (drei Kilometer) und bei den Zisterziensern als *cis tertium* (jenseits der drei Meilen). Ein Beispiel für kleinere Entfernungen sind die Gruppe der Schottenklöster in Regensburg, Nürnberg, Konstanz und Wien. Dort waren es 200 Klafter (380 Meter).

Herzog Heinrich Jasomirgott mit Plan und Modell seiner Schottenkirche: Figur an der Südfassade

Bezieht man wieder Maria am Gestade als fünfte Kirche mit ein, ergibt sich das Muster eines Pentagramms mit St. Peter im Schnittpunkt der Verbindungslinien. Nun wurde erstmals das Schutzsymbol Pentagramm oder die Bischofsmütze verwendet. Die Mitra liegt seit dieser Zeit unverrückbar als Zeichen über der Stadt.

Die Codezahl 111

Wien dürfte mehrere Male umprogrammiert worden sein, je nachdem, ob der Herrscher oder die Kirche die Stadtentwicklung plante. Milos Kruml, der sich in seiner Dissertation ausführlich mit der Stadtgründung im Mittelalter beschäftigte, meint zur Entstehung Wiens: „Eine andere Konzeption der Stadt, als sie die schottischen Benediktiner für Heinrich Jasomirgott hatten, planten die Passauer Bischöfe für Wien. Schon im Tauschvertrag von Mautern findet man Hinweise dafür. Der Grund war vermutlich eine Veränderung des architektonischen Denkens zwischen 1150 und 1250. Als dritte Wiener Pfarre wird St. Michael erwähnt gemeinsam mit St. Peter und St. Stefan ... sie ergeben auch vielmehr das Bild einer Kirchenfamilie und eine viel logischere Patrozinienjahresteilung."

Diese ist: St. Ruprecht am 27. März, St. Peter am 29. Juni, St. Michael am 29. September und St. Stefan am 26. Dezember. Diese Festtage in den Monaten 3-6-9-12 entsprechen einer fast exakten vierteljährlichen Teilung des Jahres mit 4 mal 91,5 Tagen, in Summe 366 Tagen. Zählt man nun die Ziffern des jeweiligen Datumstages zusammen, ergeben sich daraus 27 + 29 + 29 + 26 = 111. Diese Zahl ist erstaunlicherweise identisch mit der Codezahl des Stephansdoms und der verdreifachten Schlüsselzahl 37 des Grundmaßes (siehe Seite 193). Zufall oder bewusste Planung?

Diese verblüffende Erkenntnis zur Entstehung der Wiener Kirchen, ihrer Lage und ihrer Patrozinien kann man generell auf alle mittelalterlichen Städte Europas anwenden. Es ist überall dasselbe Ordnungsprinzip: Eine Komposition aus Kirchen und Klöstern, die nach geomantischen, astrologischen und biblischen Gesetzen angeordnet ist und durch diese Struktur dem Menschen Schutz bietet.

TIPP

1010, Schottenkirche, Freyung 6: Kirche, Gruft und Mausoleum für Heinrich Jasomirgott. Besichtigung jeden Samstag 14.00 Uhr. In der romanischen Kapelle – Zugang nur von der Freyung – befindet sich die älteste Marienfigur Wiens aus ca. 1200.

Das Pentagramm von Schönbrunn

Im Schutz des Drudenfusses

Einer der besterhaltenen Barockgärten Europas: Ein Freimaurerwerk?

Der Schönbrunner Schlosspark, einer der schönsten und am besten erhaltenen Barockgärten Europas, ist voll von magischen Symbolen, Zeichen und Hinweisen, die sich aber nicht auf den ersten Blick zu erkennen geben: Man müsste sie aus der Vogelperspektive betrachten, um die Zusammenhänge zu durchschauen. Den meisten Besuchern, die den Garten ob seiner Blütenpracht und Blumenmuster bewundern, entzieht sich daher die hintergründige Symbolik. Sieht man aber einen Plan des Schlossparks genauer an, entdeckt man mit Staunen ein Muster im Grundriss. Nämlich ein sonst unsichtbares Zeichen, ein Pentagramm.

Drudenfuß – Siegel Salomos – Symbol der Venus

Das Pentagramm, der fünfzackige Stern, ist eines der meist verwendeten Symbole und war schon den keltischen Druiden bekannt. Im Volksmund nennt man es auch Drudenfuß, benannt nach dem Fußabdruck eines Druden, jenes Dämons, der sich in der altgermanischen Sagenwelt auf die Brust eines Verhexten setzt. Gegen diese nächtlichen Spukgeister trug man Talismane bei sich. Dieses vorchristliche Symbol wurde von der katholischen Kirche als heidnisch verteufelt und negativ besetzt. Als magisches Zeichen fand es Eingang in satanische Riten, die aber nichts mit seiner ursprünglichen Bedeutung gemein haben. In Goethes „Faust I" (Vers 1395 f.) hindert das Zeichen den Teufel Mephistopheles daran, Fausts Studierzimmer zu verlassen:

> *Mephistopheles: Gesteh' ich's nur! daß ich hinausspaziere / Verbietet mir ein kleines Hinderniß, / Der Drudenfuß auf eurer Schwelle –.*
> *Faust: Das Pentagramma macht dir Pein?*

Die dämonische Interpretation des Pentagramms ist allerdings völlig falsch, sein Ursprung ist im Gegenteil göttlich. Nach Aufzeichnungen des Talmuds und des jüdischen Schriftstellers Flavius Josephus hatte König Salomo einen magischen Ring von seinem Vater König David erhalten, mit dem er die Dämonen beherrschen konnte. Dieser Ring, der *Pentalpha*, bestand aus fünf miteinander verbundenen A und wurde das Siegel Salomos genannt. Er war also ein Fünfstern oder Pentagramm, dem man magische Kraft beimaß.

Der Ursprung des fünfzackigen Sterns als Zeichen oder Symbol geht jedoch weiter zurück. Es ist ein uraltes astronomisches Symbol, nämlich das Zeichen für den Planeten Venus. Die Venus zeichnet im Laufe ihres achtjährigen Weges – bis zu ihrer Wiederkehr an derselben Stelle – das Muster eines Pentagramms in den Himmel. Bereits die urgeschichtlichen Astronomen haben dieses Phänomen beobachtet und daher das Symbol des Fünfzacks der Venus zugeordnet.

Pentagramm im Schlosspark

Wo ist nun dieses uralte Schutzzeichen im Schlosspark von Schönbrunn zu finden?
Das Pentagramm-Symbol erkennt man, wenn man die fünf wichtigsten Gebäude des Gartens auf dem Plan miteinander verbindet. Sie bilden die Eckpunkte des Fünfsterns:

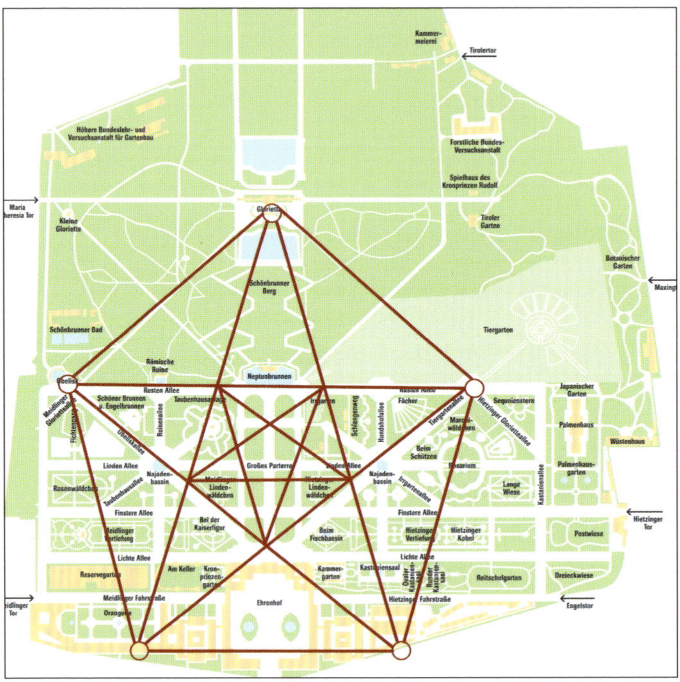

Das Pentagramm von Schönbrunn

a) Gloriette
b) Tiergarten Eingang
c) Wagenburg
d) Orangerie
e) Obelisk

Schreibt man in das so entstandene Fünfeck neuerlich einen Fünfstern ein, so ergeben sich wiederum markante Eckpunkte: die beiden Najadenbrunnen, die beiden seitlichen Ecken des Neptunbrunnens und der Beginn des Blumenparterres.
Wie kommt das Pentagramm in den Park? Reiner Zufall oder bewusste Planung eines genialen Gartenarchitekten? Wir vermuten doch eher Letzteres, denn die berühmtesten französischen und lothringischen Garteningenieure wurden für Schönbrunn verpflichtet und schufen gemeinsam mit Kaiser Franz I. Stephan dieses Wunderwerk der Gartenarchitektur. Der Glaube an die Schutzwirkung des Pentagramms dürfte bei der Anlage des Schönbrunner Schlossparks eine große Rolle gespielt haben. Vielleicht aber auch das Interesse des Kaisers für die Alchemie und alles Geheimwissen der damaligen Zeit. Das Parkpentagramm ist nämlich nicht das einzige in der Schlossanlage.

Pentagramm im Kaiserpavillon

Nach ausgedehntem Tiergartenbesuch labt man sich gerne im Café-Restaurant des Kaiserpavillons. Dieser oktogonale Bau wurde 1752 eröffnet und diente Maria Theresia als Frühstückspavillon, während sie die Tiere beobachtete. Von ihrem Gatten, dem Kaiser Franz I. Stephan, wurde er zu anderen Zwecken benützt, und zwar als Freimaurerloge und Alchemistenküche. Jedoch nicht offiziell, sondern sozusagen im Geheimen, Verborgenen. Und verborgen vor den Blicken der Kaffeehausbesucher ist daher auch ein rätselhaftes Zeichen, ein Pentagramm im Küchenboden im Untergeschoss des Gebäudes. Ebendort im Kellergeschoss befand sich einst die kaiserliche Alchemistenküche. Dass sich dieses Symbol schon vor der Adaptierung zum Restaurantbetrieb dort befand, ist bezeugt, ob auch bereits seit der Eröffnung des Tiergartenpavillons 1752, darf angenommen werden. Aufzeichnungen gibt es darüber keine. Aber das ist auch nicht verwunderlich, denn Alchemisten experimentierten nicht in der Öffentlichkeit. Der Pavillon war des Kaisers Experimentierkabinett, ebenerdig die Freimaurerloge, im Untergeschoss die Alchemistenküche. Dieses Pentagramm lässt sehr deutlich auf das Wirken der Alchemisten schließen, die jeweils eine der Sternspitzen einem der vier Elemente, die fünfte Spitze dem Geist oder der *Quinta essentia* (der fünften Essenz) zuordneten. Sie sahen im Fünfstern ein Symbol für die Verwandlung der vier Elemente in das fünfte, die Verwandlung der Materie in reinen Geist.

Andererseits gilt die Zahl des Pentagramms, nämlich 108, auch als Rosenkreuzerzahl. Gebildet wird diese Zahl aus der Zahlensumme der griechischen Buchstaben für „Pentagramm", und auch die fünf Sehnen zwischen benachbarten Punkten bilden ein regelmäßiges Fünfeck (Pentagon) mit Winkeln von jeweils 108 Grad. Die Rosenkreuzer wirken ihrer Überlieferung zufolge jeweils 108 Jahre öffentlich und danach 108 Jahre im Verborgenen. Ein solcher Zyklus der Öffentlichkeitsarbeit würde übrigens im Jahr 2017 enden. Franz Stephan stand als Freimaurer und Förderer der okkulten Wissenschaften diesem Gedankengut aufgeschlossen gegenüber, und wir dürfen ihn daher als Urheber des Pentagramms im Pavillon und in der Parkanlage betrachten.

Sonnenspektakel am Geburtstag der Kaiserin Maria Theresia (oben); Pentagramm im Küchenboden des Kaiserpavillons (unten)

TIPP

Im Untergeschoss des Kaiserpavillons im Schönbrunner Tiergarten ist ein Pentagramm im Boden eingelassen. Es kann von außen, bei geöffneter Küchentür gesehen werden.

Der xlvj bruder der do starb hiess
hertel pyrprew.

Das Hexagramm

Zunftzeichen der Wiener Bierbrauer

Ebenso bekannt wie das Pentagramm ist das magische Symbol des Hexagramms oder Sechssterns. Kaum jemand weiß, dass die Zunft der Bierbrauer dieses Symbol seit jeher als ihr Zeichen verwendet. Die ersten Bierbrauer waren Mönche und die ersten Braustuben entstanden in den Klöstern. Das Hexagramm-Symbol gilt als Zeichen für den alchemistischen Prozess des Bierbrauens unter Verwandlung der vier Elemente Feuer, Wasser, Erde (aus der Gerste und Hopfen wächst) und Luft (für den Gärungsprozess). Bereits um 1100 wird der sechszackige Stern als das älteste Zunftwappen der Bierbrauer erwähnt und auf die Verwendung in Bamberg und Nürnberg hingewiesen. Später benutzten auch die Braugasthöfe den so genannten Brauereistern als Hauszeichen. Daher kommt der Name „Sternbräu", den heute noch viele Gaststätten tragen. Auch in Wien hatte die Bierbrauerzunft das Hexagramm als Zunftwappen. Es ist noch heute im großen Sitzungssaal des Alten Rathauses zu sehen. Dieses Zunftzeichen auf Brauereien und Gaststätten ist leider großteils seit der Zeit des Nationalsozialismus verschwunden. Auf alten Ansichten Wiens sind noch Hausdächer mit dem Hexagramm-Symbol erkennbar. So zum Beispiel auf der Stammersdorfer Kirche, einigen Häusern in Döbling und Sievering, sowie im Kahlenbergerdorf. Offenbar waren das ehemalige Bierbrauereien oder Gaststätten. Das Hexagramm auf der Kirche war vermutlich ein Schutzsymbol. Das möglicherweise letzte Hexagrammzeichen auf einem Wiener Hausdach befindet sich in der Stammersdorfer Straße 44. Sein Besitzer ist Johann Svoboda, der sich mit der Geschichte des alten Winzerhauses befasste und nach einer Hausrenovierung auf der Wiederherstellung des Schutzzeichens beharrte.

Die älteste Darstellung eines Bierbrauers: „Der Pyrbrew Herttel" aus 1425, Mendel, Band I (links); Hexagramm auf dem Dach des Hauses Stammersdorfer Straße Nr. 44 (unten)

Wehrt Dämonen, Feuer und Krieg ab

Dieses Zeichen war bereits in den alten Kulturen als magisches Siegel in Verwendung. Die beiden gegengleich verschlungenen Dreiecke symbolisieren die Vereinigung zweier Gegensätze, das Männliche und Weibliche oder in der Alchemie die Verschmelzung der Gegensätze Wasser und Feuer. Dem Hexagramm wurden okkulte Eigenschaften zugeschrieben. So soll es gegen Dämonen, Feuer und Krieg abwehrende Wirkung haben, ähnlich dem Pentagramm oder Drudenfuß, der generell Unglück fern hält. Aus eben diesem magischen Glauben wurden Lebensmittel wie Brot, aber auch die Bierfässer der Brauereien mit einem Hexagramm-Stempel versehen. Die Antikenabteilung des Wiener Kunsthistorischen Museums zeigt magische Hexagramm-Siegel aus frühchristlicher Zeit. Besonders schöne Exemplare sind mehrere Brotstempel aus dem 4. Jahrhundert n. Chr.

Das Hexagramm als magisches Schutzzeichen auf einem Brotstempel aus dem 4. Jahrhundert n. Chr.. (KHM Wien)

Der Davidstern – eine Wiener Erfindung?

Obwohl der Sechsstern ein uraltes magisches Symbol ist, wird er heute meist als Judenstern oder Davidstern bezeichnet. Allgemein bekannt ist der sechszackige Stern als Staatssymbol Israels. Anlässlich der 50-Jahr-Feier des Staates Israel fragte man nach der Herkunft des Davidsterns, der seit 1948 die Staatsflagge ziert. Der Historiker Ysmael Rubinstein, ein Kenner der jüdischen Geschichte, berichtet dazu: Erstens müsse man den Begriff mit Davidschild übersetzen, sowohl auf Aramäisch wie auch auf Jiddisch würde er so genannt, „magen David". Zweitens haben die Juden nie ein Staatssymbol gehabt, sondern seit dem Mittelalter verschiedene Symbole verwendet. Unter anderen den siebenarmigen Leuchter oder den aufgerichteten Löwen. Der Davidstern als jüdisches Staatssymbol sei eigentlich eine Erfindung aus dem Jahr 1648, und zwar – man höre und staune – von Wiener Jesuiten. Und das kam so:

Gegen Ende des Dreißigjährigen Krieges belagerten die Schweden die Stadt Prag. Zu ihrer Verteidigung zog man die Bürgermiliz heran. Darunter gab es auch jüdische Einheiten. Als die Schweden geschlagen waren, wollte Kaiser Ferdinand III. die tapferen Verteidiger ehren und befahl ihnen mit Wappen und Fahnen aufzumarschieren – nur die jüdischen Einheiten hatten keine. Da war guter Rat teuer, den nicht einmal die Familie Oppenheimer, des Kaisers Hofjuden, geben konnten. So konsultierte man die gelehrten Jesuiten von Wien. Diese meinten, dass König David, wohl die beiden D seines Namens auf seinen Fahnen getragen hätte. Und so kamen sie auf die Idee diese Ds, die man als Dreieck schreibt, ineinander zu verschränken und als das neue Zeichen der jüdischen Milizeinheit zu verwenden, das von nun an auch auf den Synagogen angebracht wurde. Laut Ysmael Rubinstein verwendete es die jüdische Bankiersfamilie Rothschild als ihr Wappensymbol und trug so zur Verbreitung bei. *[Vierteljahreshefte für freie Geschichtsforschung 3(2) (1999), S. 181f]*

Zunftzeichen der Fleischer, Bierbrauer und Bäcker im Gemeinderatssitzungssaal Altes Rathaus

Eine Erfindung der Jesuiten war der sechszackige Stern jedoch nicht. Sie dürften wohl das uralte magische Symbol des Hexagramms mit einer netten Geschichte über den Namen David verknüpft und dem siegreichen Milizheer auf diese Weise zu einer Fahne verholfen haben. Denn nachweislich befand sich das Hexagramm-Zeichen bereits im 14. Jahrhundert auf dem Judentor des Prager Ghettos. Auch in Wien trennte im 17. Jahrhundert jeweils ein Grenzstein das jüdische Ghetto vom christlichen Stadtviertel ab. Der eine Stein war mit dem Davidstern, der andere Grenzstein mit dem Kreuz markiert.

TIPP

Kunsthistorisches Museum Wien, Magische Siegel in der Antikensammlung, geöffnet Di–So 10.00 – 18.00 Uhr, Do bis 21.00 Uhr.
Im Wappensaal des Alten Rathauses sind die Zunftzeichen dargestellt, darunter das Hexagramm der Bierbrauer. 1010, Wipplingerstraße 6–8.

Abzeichen der Gastwirte Wiens mit Hexagramm (Privatbesitz Wolfgang E. Schulz, Gastwirt in Wien-Döbling)

pb

Zahlenmystik eines Renaissancekaisers

Schloss Neugebäude

In einem der Außenbezirke Wiens, zwischen den Donau-Auen und dem Zentralfriedhof, steht ein Schloss, dessen einstige Bedeutung ihm nicht mehr anzusehen ist. Die traurigen Reste einer wahrlich gewaltigen Idee lassen uns erahnen, was dort einmal geplant, jedoch nie vollendet wurde. Mit dem Bau des prächtigsten Renaissanceschlosses nördlich der Alpen und einem mythologischen Paradiesgarten wollte der Habsburger Kaiser Maximilian II. (1527–1576) in Wien-Simmering ein magisches Siegel in die Landschaft setzen. Und zwar an jener Stelle, wo vor fast 2.000 Jahren eine römische Landvilla und 1529 vermutlich die Zeltstadt Sultan Süleymans des Prächtigen stand. Man rätselt, ob Maximilian diesen Bauplatz bewusst mit Bezug zum römischen Kaisertum und der Absicht wählte, das Paradies zu errichten, nachdem der „Türkenteufel“ besiegt war? Welche Botschaft ist in der Anlage von Schloss Neugebäude verschlüsselt?

Lucas van Valckenborch: Kaiserlicher Waldspaziergang vor dem Schloss Neugebäude, um 1592 (unten); Schloss Neugebäude heute (links)

Kaiser Maximilians Weltbild

Maximilian kam 1552 aus Spanien nicht nur mit großen Ideen, sondern auch mit dem ersten Elefanten, den die Wiener je gesehen hatten. Er residierte in der Hofburg und im Jagdschloss Ebersdorf in Simmering. 1569 erwarb er das Areal in der Nähe von Schloss Ebersdorf, dem Altgebäude, und errichtete dort sein magisches Paradiesschloss, das Neugebäude. Fast zeitgleich, 1568, erwarb er den Gutshof Katterburg samt den Jagdgründen und begann dort mit dem Ausbau der späteren Sommerresidenz der Habsburger, dem heutigen Schloss Schönbrunn. Doch Schloss Neugebäude war sein Lieblingsprojekt und sollte sein Opus magnum werden. Sollte, denn der gigantische Bau blieb unvollendet.

Sowohl der Kaiser als auch sein Werk erscheinen uns heute rätselhaft. Was waren die Ideen Maximilians II. und sein Vorhaben mit Schloss Neugebäude?

Der Kaiser war als Renaissanceherrscher durchdrungen von den Ideen der Antike. Er hatte eine kosmologische Weltsicht, das heißt, er sah die Welt als Spiegelbild des Kosmos. Sie folgt seinen mathematisch-geometrischen Gesetzen, ist nach Maß und Zahl geordnet und strebt nach Harmonie. Die Natur ist beseelt und spiegelt die kosmische Harmonie wider. Mit seinem Plan für Schloss Neugebäude wollte er diese kosmische Harmonie auf die Architektur und die Gartenanlage übertragen und damit gleichsam sein Siegel in die Landschaft drücken.

Das Vorbild dafür – und generell für jeden Renaissancegarten – war das Idealbild des Paradiesgartens mit seiner quadratischen Einfriedung, der Vierteilung mit der symbolischen Mitte und der Ausgrenzung der ungezähmten Wildnis. Schloss Neugebäude – obwohl heute nur mehr eine Ruine und die Gärten ein Friedhof – lässt noch immer die (fast) quadratische Anlage von 375 Meter mal 335 Meter erkennen. Eine 5,20 Meter hohe Mauer mit zehn Rundtürmen umschließt das Areal. Innerhalb der Mauer ist heute noch die Vierteilung zu erahnen. Die Anordnung der Beete, die einstigen Brunnen, die symbolische Mitte als Erhebung sind ebenfalls noch vorhanden. Das Muster der kosmischen Ordnung, verwirklicht im idealen Paradiesgarten hat sich bis heute erhalten.

Das für mittelalterliche Stadtgründungen bestimmende Modell des Himmlischen Jerusalems stand also auch bei der Gesamtanlage des Neugebäudes Pate. Was daraus hätte werden können, drückt folgendes Zitat aus: „Dies würde bedeuten, dass der Garten nicht so sehr der Repräsentation diente, sondern vor allem ein heiliger Ort war, ein Mittelpunkt der Welt, eine Achse, welche die verschiedenen Weltebenen, aber auch die drei großen europäischen Religionen der Juden, Christen und Moslems aus ihrer gemeinsamen antiken Wurzel heraus miteinander verbindet. Als gebaute Symbolik wäre dieses Werk auf der geistigen Ebene ein wirksames Mittel zur Errichtung des Weltfriedens gewesen.“ *(zit.www.neugebaeude.at)*

Ein antikes Symbol

Betritt man heute den Urnenhain des Zentralfriedhofs, ist der ehemalige Paradiesgarten mit seiner geplanten Zahlenmystik und Astrologie freilich nicht mehr erkennbar. Doch Maximilian wählte ein seit der Antike bekanntes Symbol für sein Gartenkunstwerk: das magische Quadrat. Dabei handelt es sich um eine Anordnung von Zahlen, wobei die Summe der Zahlen aller Zeilen, Spalten und der beiden Diagonalen gleich sein muss. In einem magischen Wortquadrat müssen die Worte, egal in welche Richtung gelesen, einen Sinn ergeben. Magische Zahlenquadrate wurden für astrologische Horoskope und als Siegel oder Manifestation der Planetenwirkkräfte verwendet. Die Zahlenmystik und Symbolik der magischen Quadrate im Schloss Neugebäude kann heute nur mehr an Hand von alten Stichen nachvollzogen werden.

Das Jupiterquadrat

Unter den seit der Antike den Planeten zugeordneten Quadraten entschied sich Maximilian für das Jupiterquadrat im oberen Garten, wohl weil Zeus oder Jupiter den Herrscher symbolisiert. Nach der Vorstellungswelt des 16. Jahrhunderts sollte ein richtig angefertigtes Jupiterquadrat seinem Besitzer Reichtum, Frieden und Eintracht bringen.

Das Attribut, das Herrschaftszeichen des Vier-mal-vier-Jupiterquadrats, ist der Adler, den wir als Blumenmuster in zwei Feldern auf dem Stich von Merian sehen können. 16.000 (4 mal 4 mal 1.000) Bäumchen sollen rund um das Quadrat gepflanzt worden sein. Der Bezug zur Architektur des Schlosses ist durch die 40 Säulen der Nordgalerie gegeben, die einmal das Schloss zierten und die sich heute auf der Schönbrunner Gloriette befinden.

Die jeweilige Zahlensumme in diesem Quadrat ist 34. Diese Zahl finden wir in den Arkadenbögen der Umgrenzungsmauer wieder, jeweils 34 Bögen verbinden die Türme.

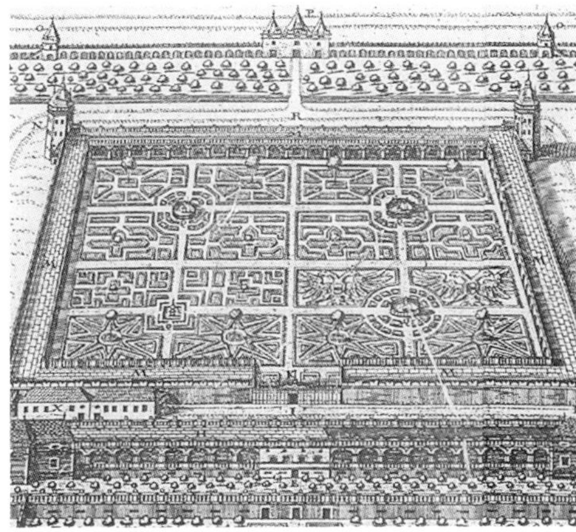

Schloss Neugebäude: Stich von Matthäus Merian dem Älteren, 1649 (oben); nächste Doppelseite: Schloss Neugebäude

Das Quadrat ist hier dargestellt in potenzierter Form, also unterteilt in vier Quadrate, welche wieder in vier Quadrate (insgesamt 16) geteilt sind. In ihrem Zentrum steht jeweils ein Brunnen. Die verschiedene Form der Brunnen, nämlich Kreis, Quadrat, Sechseck und Achteck, könnte in der Magie der Zahlen liegen, die unten erklärt werden.

Abgeleitet von den heute noch vorhandenen Maßen und Proportionen, kann man auf eine Quadratbreite von 96 Klafter (100 Klafter breit ist das Schloss, minus je zwei Wegbreiten) schließen. Dividiert durch vier, ergibt das eine Beetbreite von 24 Klafter im Quadrat. Die Zahl 24 selbst ist keine Quadratzahl, rechnet man das Klaftermaß aber in Fuß um, dann ergibt das 144 x 144 Fuß und würde somit wieder zu einer Quadratzahl (144 = 12 x 12) werden. Die Zahl 24 finden wir in den vier mal sechseckigen Ecktürmen wieder. Die vier Ecktürme sind wohl den vier Elementen zugeordnet und waren vermutlich mit Fresken der Luft-, Feuer-, Wasser- und Erdgötter verziert.

Warum die Zahl 24, obwohl auf den ersten Blick keine Quadratzahl, trotzdem die Schlüsselzahl zu sein scheint, sehen wir an der Form und Anzahl der Brunnen. Hier entpuppt sie sich als wirklich magisch. Die Zahl 24 ist nämlich die einzige, welche durch 1, 3, 4, 6 und 8 teilbar ist und daher sowohl Kreis, Quadrat, Sechs- und Achteck beschreiben kann. Nicht zufällig sind daher die vier Brunnen auf den Quadratschnittpunkten im Muster eines Kreises, Quadrats, Sechsecks und Achtecks angelegt.

Das Saturnquadrat

Der untere Blumengarten wird aus zwei drei mal drei Quadraten gebildet, dem Archetyp des Saturn, welcher die Unterwelt beherrscht. Daher war er nur durch einen Gang unter dem Schloss zu betreten. Treppen über die Terrassen wurden eigenartigerweise keine gefunden. Auch dieses Quadrat ist potenziert: Das Drei-mal-drei-Quadrat ist hier verdoppelt, was 18 Felder ergibt – mit der Quersumme 9 = 3 x 3. Auch hier trennen die Brunnen die Felder voneinander. Ins Auge fällt vor allem die zweimalige Potenzierung, welche die Absichtlichkeit der Symbolik besonders hervorhebt. Die heute noch sichtbare Achsenausrichtung orientiert sich an diesen Quadraten.
In den Gärten wuchsen exotische Pflanzen, Sträucher und Bäume. Kein Geringerer als der berühmteste Botaniker seiner Zeit, der Niederländer Carolus Clusius, war von 1573 bis 1576 kaiserlicher Gartendirektor. Er wohnte bis 1588 im Haus Wollzeile 10 und machte Wien zum Zentrum der Blumenzucht. So soll er die Tulpe und die Rosskastanie über Konstantinopel nach Wien geholt haben sowie den aus Persien stammenden Flieder. Mit Sicherheit darf man annehmen, dass die geometrische und zahlenmystische Symbolik nicht nur in den Blumenbeeten, sondern in der gesamten Anlage zu finden war.

Das magische Quadrat von Wien

Maximilian war auch der Entdecker des schönen Brunnens auf dem Jagdrevier der seiner beinahe zeitgleich mit dem Bau des Neugebäudes erworbenen Katterburg – und nicht wie bisher vermutet Kaiser Matthias (darüber wird an anderer Stelle ausführlich berichtet). Der Kaiser legte damit den Grundstein für die spätere Sommerresidenz Schönbrunn, wobei die lineare Verbindung zwischen den beiden Schlössern auffällt: Eine noch heute bestehende schnurgerade Straßenführung der Schönbrunner Straße einerseits und der Neugebäudestraße andererseits, führt uns zu der gewagten Annahme, dass Maximilian nicht nur in Simmering der Landschaft einen Stempel aufdrücken wollte, sondern möglicherweise der ganzen Stadt Wien. Er wollte ein magisches Quadrat über Wien legen und benützte das Neugebäude als östlichen und Schönbrunn als westlichen Eckpunkt.
Wir ziehen die Verbindungslinie Schönbrunn–Neugebäude, Luftlinie zehn Kilometer, und ergänzen zum Quadrat Richtung Norden. Sofort wird ersichtlich, dass die Achsen beider Gartenanlagen parallel liegen und exakt in dieselbe Richtung zeigen. Die Distanz von zehn Kilometern nach Norden endet kurz vor Klosterneuburg, wo die ehemalige Babenbergerresidenz stand und später die Kaiserresidenz Karls VI. errichtet werden sollte. Wieder ein bedeutender Eckpunkt im magischen Quadrat von Wien. Somit ergeben sich bereits drei Eckpunkte mit drei Kaiserresidenzen. Der vierte Eckpunkt liegt jenseits der Donau

in Hirschstetten. Dort befand sich seit 1325 ein Gutshof, später Jagdschloss, das 1558 von einem Kammerdiener Maximilians II. erworben wurde. Das so entstandene Quadrat lässt sich nun weiter unterteilen und ergibt wieder für Wien bedeutende Achsen und Schnittpunkte. Interessanterweise bildet das heutige Wiener Riesenrad (obwohl erst 1880 erbaut) den Mittelpunkt, um den sich alles „dreht". Diese Tatsache ist erstaunlich. Es ist daher zu vermuten, dass Maximilian die ewig gültigen geomantischen Energielinien, die bereits Kelten und Römer als Straßen benützten, für sein Konzept des Landschaftssiegels über Wien verwendete.
Mit dieser Erkenntnis wird nicht nur der Standort des Riesenrads, sondern auch die Anlage des Schönbrunner Parks verständlich. Schönbrunn ist der westliche Eckpunkt im magischen Quadrat von Wien. Das Jupiterquadrat des Herrschers, mit seinen 16 Unterteilungen, findet sich in Maß und Zahl im Barockgarten Maria Theresias wieder. Die Zahl vier und ihr Vielfaches ist die Schlüsselzahl.
Die Barockbaumeister in Schönbrunn hatten die Ideen Maximilians als Vorbild. Sie verwendeten nicht nur sein Baumaterial, sondern auch das Paradiesgartenkonzept mit seinem magischen Vier-mal-vier-Quadrat. Somit wurde Schloss Neugebäude in doppelter Hinsicht zur „Mutter Schönbrunns".

Das tragische Ende eines Landschaftssiegels

Leider ist die Schlossanlage bereits so verfallen, dass Muster und Symbole nicht mehr sichtbar sind. Die innewohnende Zahlensymbolik und ihre Bedeutung für ganz Wien ist daher vergessen worden. Der Paradiesgarten in Simmering, der nie vollendet wurde, hätte so etwas wie das Achte Weltwunder werden können, doch nichts erinnert heute mehr an das Renaissance-Paradies Maximilians. Der klägliche Rest ist die Ruine des ehemaligen kaiserlichen Landsitzes, und die Gärten sind dem Wiener Zentralfriedhof angegliedert. Dort befinden sich nun Krematorium und Urnenhain gleichsam symptomatisch für das seit Jahrhunderten andauernde Sterben dieses einstigen in Europa nicht vergleichbaren Juwels. Pläne zur Revitalisierung sind längst ad acta gelegt, zu teuer käme ein Wiederaufbau. Verwendung findet das Schlossareal heute nur mehr als Freiluftkino im Sommer und einen Blumenmarkt im Frühjahr.

TIPP

1110, Otmar-Brix-Gasse 1: Schloss Neugebäude. Erreichbar nur über das Tor in der Meidlgasse. Öffnungszeiten nur zu den Führungen bzw. anlässlich des Sommerkinos, Oster-, Herbst- und Weihnachtsmarktes.

Die magische Drei

Die Pestsäule am Graben

Die Pestsäule am Graben: Barocke Pracht und verborgene Symbolik

Das Jahr 1679 war ein verheerendes Pestjahr. Der Schwarze Tod, die Geißel der Menschheit, die schrecklichste aller Krankheiten, wütete auch in Wien. Zeitgenössischen Berichten zufolge waren allein in der Stadt 70.000 bis 120.000 Tote zu beklagen – die Hälfte der damaligen Einwohnerschaft. Damals glaubte man, es handle sich um eine göttliche Heimsuchung, eine Vergeltung für ausschweifenden Lebenswandel. Einzig die Heilige Dreifaltigkeit – Gott Vater, Gott Sohn und der Heilige Geist – konnte eine Rettung vor dem Schwarzen Tod herbeiführen. Der Augustiner Pater Abraham a Sancta Clara redete den Wienern mit drastischen Worten ins Gewissen und rief zu Umkehr und Buße auf. Aber es kam noch schlimmer, nur vier Jahre später, im September 1683 standen die Türken vor den Toren Wiens. Sie mordeten und brandschatzten. Die Überlebenden beider Heimsuchungen errichteten aus Dank für ihre Rettung eine monumentale Gedenksäule im Zentrum der kaiserlichen Residenzstadt.

Hymne an die Trinität

Die Wiener Pestsäule gilt als die künstlerisch bedeutendste Dreifaltigkeitssäule mit Vorbildwirkung für Süddeutschland, Österreich, Ungarn und Böhmen und ist das bekannteste und markanteste Denkmal der Innenstadt. Gestiftet wurde das Monument von Kaiser Leopold I. nach seiner Flucht aus der verseuchten Stadt während der Pestepidemie 1679. Er gelobte, bei Beendigung der Plage eine Dreifaltigkeitssäule zu errichten. Noch im selben Jahr entstand eine Holzsäule, die 1683 einem Marmormonument wich und 1693 fertiggestellt wurde. Einer der vielen beteiligten Künstler war der berühmte Barockbaumeister Johann Bernhard Fischer von Erlach (1656–1723).
Das Denkmalamt schwärmt in seiner Broschüre über das Monument: „Es ist eine Hymne an die Trinität, die Zahl 3 ist der bestimmende Faktor – in künstlerisch detailreicher Abwandlung verwirklicht – eine Inszenierung der Zahl 3." Tatsächlich folgt der architektonische Aufbau der Pestsäule einer Zahlensymbolik, die durch die Zahl drei bestimmt wird. Das Denkmal weist eine Struktur von drei Ebenen auf: Mensch, Engel und Gott. Der Sockel verkörpert die Ebene des Menschen, die Pyramide die Ebene der Engel und an der Spitze thront die göttliche Dreifaltigkeit. Mit diesem prächtigen Monument setzten die Künstler der „göttlichen Drei" ein in Stein gemeißeltes Denkmal.

Die verborgene Symbolik der Drei

Kaiser Leopold I. beugt sein Knie vor der himmlischen Trinität (unten); die besiegte Pest, eine Bestie mit wirrem Haar und schlaffen Brüsten (rechts)

Das ikonographische Programm, die Bildsprache, besteht aus einer sichtbaren und einer unsichtbaren Symbolik. Auf der sichtbaren Ebene sind es die Dreifaltigkeitsgruppe an der Spitze, die dreifachen Figurengruppen, die drei mal drei lobpreisenden Engel, die Drei-Wort-Inschriften, die drei Wappen des Kaisers sowie die Dreiecksform von Sockel und Wolkenpyramide. Auf der unsichtbaren Ebene sind es die Maße der Säule, die mit 18,6 Metern oder 60 Fuß ein Vielfaches der Zahl drei verkörpern. Ebenfalls unsichtbar ist die Energiewirkung der Dreiecksbasis mit der spitz zulaufenden Säule. Die Dreipunktform entstört geopathogene Zonen, die Säule wirkt wie eine Akupunkturnadel. Die in Stein gemeißelte Hymne an die Dreifaltigkeit stellt also eine höchst wirksame Heilrune dar.

Im Denkmal ist aber noch eine andere Symbolik verborgen. Der Kaiser beugt sein Knie vor niemandem sonst als der himmlischen Trinität. Kaiser Leopold I., der Stifter des Monuments, bezeichnet sich in der Dankesinschrift an Gott als *humilis servus tuus*, als „dein unterwürfiger Diener", dennoch kniet er im Zentrum des Kunstwerks, also in der Mitte zwischen Gott und der Welt. Unter ihm die Dreiergruppe mit der besiegten Pest, einer Bestie von Frau mit wirrem Haar und schlaffen Brüsten.

Auf dem Sockel sind außerdem drei kunstvolle Wappen angebracht, die das Programm der neu entstandenen Großmacht Österreich demonstrieren: Das große Wappen des Hauses Österreich mit der Kaiserkrone Rudolfs II., das Wappen Ungarns mit der Stephanskrone und das Wappen Böhmens mit der Wenzelskrone. Der Vielvölkerstaat Österreich sollte eine Einheit in der Vielheit bilden. Die Botschaft ist klar, wenn die Symbolik verstanden wird.

Ganz unten an der quadratischen Basis befindet sich die weltliche Ebene. Sie wird mit der Zahl vier dargestellt. Die vier Winde blasen über die Erdkugel und die vier Sternzeichen Jungfrau,Waage, Skorpion und Schütze sind die astrologischen Entsprechungen der vier Elemente Erde, Feuer, Wasser und Luft. Zwölf (drei mal vier) Bibelszenen bereichern das Bildprogramm.

Die bis ins kleinste Detail durchdachte Pestsäule spiegelt gleichermaßen die Zahlenmystik durch die Huldigung der Drei wie auch die heilige Geometrie von der Dreiecksbasis bis zur Pyramidenspitze. Als magisches Symbol des Abwehrzaubers steht dieses Monument mitten in der geschäftigsten Einkaufsstraße Wiens.

DEXTER
SUNT POSSIBILE
SUNT CONDITUM
NIHIL
SITIONE
NTIA IN
ON FAL
STATE IM
ERA
CORDIAS

RESTAVRATVM
CIƆIƆCCLXVII.
19.

Runen am Kanzleramt

1, Ballhausplatz Nr. 2

Der Ballhausplatz, zwischen der Minoritenkirche und der Hofburg gelegen, ist mehr als nur einer der vielen historischen Plätze der Wiener Innenstadt. Er ist der Platz zwischen Bundeskanzleramt und Präsidentschaftskanzlei. Und damit der Inbegriff eines Machtzentrums, eines Ortes, an dem seit Jahrhunderten und bis zum heutigen Tag Politik gemacht wird. In diesem Sinne ist die Adresse Ballhausplatz Nr. 2 gleichbedeutend mit 10 Downing Street oder Quai d'Orsay.

Bundeskanzleramt Wien: Welche Botschaft steckt im Muster der Türfüllung? (links); Ballhausplatz 2 (unten)

Der Name Ballhausplatz kommt von einem Ballspielhaus, das es schon lange nicht mehr gibt. Das erste Ballhaus wurde 1520 an jener Stelle errichtet, wo heute der Amalientrakt der Hofburg steht. Man spielte eine Variante des heutigen Tennis, besonders beliebt bei den Mitgliedern des Adels und des Hofes. Nach mehreren Abrissen, Wiederauf- und Umbauten wurde das Ballhaus schließlich 1903 demoliert. Der Name jedoch blieb.

Die k.k. geheime Haus-, Hof- und Staatskanzley

An der Adresse Ballhausplatz Nr. 2 steht eines der prunkvollsten Wiener Barockpalais, heute der Amtssitz des österreichischen Bundeskanzlers. Der Grundstein wurde im Jahr 1717 gelegt, nachdem Kaiser Karl VI. (1685–1740) eine neue Institution schaffen wollte, die sich ausschließlich der Außenpolitik widmen sollte. Erbaut von Johann Lukas von Hildebrandt (1668–1745), erhielt das Gebäude 1719 die Bezeichnung „k.k. geheime Haus-, Hof- und Staatskanzley".

Seine erste Glanzzeit erlebte das Haus am Ballhausplatz unter Wenzel Anton Fürst Kaunitz-Rietberg (1711–1794). Kaunitz war fast 40 Jahre lang, von 1753–1792, Hof- und Staatskanzler unter Maria Theresia und Joseph II. Er reformierte den Beamtenapparat und zentralisierte die Verwaltung. In seine Ära fiel der erste große Umbau des Hauses. Kaunitz kümmerte sich persönlich um die vom Hofarchitekten Nicolaus von Pacassi (1716–1790) geleiteten Arbeiten. Er nahm lebhaften Anteil am Bau und der Innengestaltung und reservierte auf Grund seiner Aversion gegen Licht und Sonne die dunkelsten Räume des Hauses für sich. Der Fürst scheint noch einige andere merkwürdige Marotten gehabt zu haben. So berichtet die Chronik:

Frische Luft war dem Fürsten ein Angstmacher. Sowohl seine Fenster als auch seine Kutschen blieben ständig völlig geschlossen. Wärme und Kälte regulierte er mit übereinander gezogenen schwarzen Seidenmänteln. Je nach Temperatur ein bis neun Mäntel. Die Hände steckte er in einen Muff. In jedem Zimmer hing ein Thermometer, auch die Reitbahn wurde beheizt.

Hervorhebungen auf dem Tor von Gabriele Lukacs

Das Runentor

Kaum jemand, der die kunstvolle Barockarchitektur bewundert, verweilt mit seinem Blick auf dem nicht minder kunstvollen Eingangsportal. Man sollte es sich jedoch einmal genauer ansehen, vor allem die Ausführung des Holztores. Dieses dürfte entweder noch aus der Zeit der Erbauung, also 1721, beziehungsweise aus der Zeit des ersten Umbaus unter dem spleenigen Fürsten Kaunitz stammen. Auf alten Stichen dieser Zeit ist das Holztor mit dem besonderen Muster jedenfalls zu erkennen. Auf den ersten flüchtigen Blick sieht die Holzverzierung einem Gitter ähnlich. Bei genauerer Betrachtung jedoch wird man verblüfft feststellen, dass hier ein Muster wiederholt wird, das einer Rune zum Verwechseln ähnlich sieht, und zwar der Othala Rune. Die Rune kommt mehrmals im Muster vor, je nachdem ob man sie auch in der Kopfüber-Version oder seitlich verdreht gelten lässt.

Wie kommt eine germanische Rune auf ein Wiener Barockpalais? Ist es Zufall oder Absicht des Bauherrn oder des Baumeisters? Steckt ein Geheimnis dahinter oder ist es nur eine dekorative Tischlerarbeit?

Die Othala und die Odal Rune

Im Runenalphabet, aufgrund seiner Anfangsbuchstaben Futhark genannt, ist Othala die 24. und letzte Rune. Sie steht für den Laut „O" und wörtlich übersetzt aus dem Urgermanischen für eigenes Land, Besitz. Die Bedeutung der Rune liegt im Sinn von Erbe. Dem Erbe einer Familie, eines Clans, einer Gesellschaft, eines Staates.

Die Bedeutung lässt an eine Umfriedung denken, an etwas das das innere Erbe umfasst. Auf der Symbolebene bewahrt die Rune den erreichten Zustand. Othala steht am Ende der Runen-Reihe. Am Anfang steht die Fehu Rune, die Reichtum bedeutet, der Reichtum muss im Laufe des Lebens transformiert werden, bis er vom materiellen Reichtum in wahren Reichtum transformiert wird. Zwischen diesen beiden Aspekten steht das Leben, erfährt man aus der Literatur über die Bedeutung der Runen.

Die Odal Rune des Esoterikers Guido von List

In diesem Sinne könnte also die Rune auf dem Tor des Kanzleramts für das Bewahren des Erbes unseres Landes stehen. Das Tor beschützt und sichert, die Rune verstärkt die Wirkkräfte. Die Symbolwirkung ist sicherlich gegeben, egal ob man nun eine Rune oder nur eine Dekoration darin sehen möchte. Denn Symbole wirken auf der unbewussten Ebene, man muss sie weder erkennen, noch verstehen.
Aus der Othala Rune abgeleitet ist die Odal Rune, eine Erfindung des Esoterikers Guido von List aus dem Jahr 1902. Auch hier steht der Begriff für Besitz, Erbe. Die Schreibweise variiert jedoch insofern, als an den unteren Enden je ein Aufwärtsstrich angebracht wird. Im Zweiten Weltkrieg wurde sie von der SS und der Hitlerjugend als Zeichen verwendet. Heute ist sie ein verbreitetes Symbol in der Neonaziszene. Obwohl das Muster im Kanzlertor für beide Varianten gelten kann, wird wohl niemand hier eine Nazibotschaft herauslesen. Vielmehr sind Runen uralte, ewig gültige Symbole, die seelisch-geistige Archetypen verkörpern und daher an vielen Dachgiebeln, Fassaden und Haustoren zu finden sind. Interessant ist es allemal, gerade hier am Kanzleramt dieses uralte Symbol vorzufinden.

TIPP

1010, Ballhausplatz 2: Bundeskanzleramt – öffentlich zugänglich nur am Tag der offenen Tür am 26. Oktober, dem österreichischen Nationalfeiertag.

Der Thron der Liebe

Kaiser Josephs Narrenturm

Der Narrenturm, Europas einzig erhaltenes Großdenkmal der Alchemie

Im Jahr 1784 ließ Kaiser Joseph II., Sohn und Nachfolger Maria Theresias, auf dem Gelände des von ihm gegründeten Armen- und Krankenhauses in der Währingerstraße am Alsergrund ein kreisförmiges Gebäude für psychisch Kranke errichten. Zur damaligen Zeit wurden diese Menschen als Narren und der Turm daher abschätzig als „Narrenturm" bezeichnet. Sie als Kranke zu behandeln, mit regelmäßigen Mahlzeiten und Hygiene zu versorgen, war im 18. Jahrhundert unbekannt. Damals sperrte man Irre einfach in menschenunwürdige Verschläge oder überließ sie sich selbst. Der Narrenturm war das erste Spezialinstitut für Geisteskranke in Europa. Joseph II. verwirklichte hier Ideen, die für seine Zeit einerseits revolutionär und andererseits aber doch noch im magischen Denken des Mittelalters verhaftet waren. Der „Narrenturm" ist wahrscheinlich Europas einziges erhaltenes Großdenkmal der Alchemie. Es stammt aus einer Zeit, da die Trennung zwischen Wissenschaft und okkult-magischem Denken noch nicht existierte.

Zu Stein gewordene Zahlenmagie

Der gesamte Grundriss mit seinen fünf Geschossen, je 28 Zellen pro Stockwerk, und dem heute nicht mehr existierenden Oktogon auf dem Dach ist verbaute Zahlenmagie. Pro Stockwerk wurden 28 Zellen eingebaut. Das erfordert eine komplizierte Teilung des Kreises durch 7, die üblicherweise nicht gemacht wurde. Warum gerade hier in einem Irrenhaus? Warum baute man nicht 30 Zellen, die wesentlich einfacher zu planen gewesen wären?
Die Zahl 28 hat besondere Bedeutung. Sie wurde für die Anzahl der Zellen genommen, weil man mit ihr die Seelen der Irren an den Mond koppeln wollte. Es war bekannt, dass der 28-tägige Mondzyklus das menschliche Verhalten beeinflusst. Die 28 gilt als astronomische Größe, sowohl für den Mond als auch den so genannten großen Sonnenzyklus, das heißt, dass alle 28 Jahre ein Wochentag auf dasselbe Datum fällt. Vermutlich wurde die Anzahl der Zellen mit 28 deshalb gewählt, weil man in den Zyklen beider Himmelskörper deren großen Einfluss auf den Verlauf von Krankheiten erkannt hatte. Die Konstruktion des Bauwerks auf zahlenmystischer Grundlage sollte mit den Geisteskranken in Resonanz treten und das Chaos in ihrem Kopf harmonisieren. Psychiatrie durch Alchemie, so lautete Kaiser Josephs Idee. So baute er für sich selbst das Oktogon, ein achteckiges Häuschen auf dem Dach des Narrenturms, das er als den „Thron der

Liebe" bezeichnete und in dem er nach zeitgenössischen Berichten „mehrmals die Woche zugegen war, oft für viele Stunden". Sein ungewöhnliches Interesse war der Wiener Bevölkerung natürlich suspekt, weswegen ein kühner Zeitgenosse den Spruch an die Mauer des Narrenturms kritzelte: „Hier ist Joseph II (der Zweite) der Erste", womit wohl Narr gemeint war. Was aber tat der Kaiser dort oben? Saß er nur auf dem Dach, um auf sein Werk zum Wohle der Kranken hinunter zu blicken? Oder entwickelte er eine obskure Maschine? Einen Transformator zum Aufstieg in himmlische Sphären?

Die Transmutationsmaschine

Das meint zumindest Alfred Stohl, der sich eingehend mit der Architektur des Gebäudes befasst hat. Der Kaiser habe durch die Anwendung eines okkulten, nicht für jedermann sichtbaren Zahlensystems, eine Maschine konstruiert, die den kranken Seelen zur Heilung und Verbindung mit dem Göttlichen dienen sollte. Der Narrenturm war Kaiser Josephs Labor für alchemistische Experimente, die nicht dem Goldmachen dienten, sondern sich mit lebenden Objekten, den Geisteskranken, befassten. Die gesamte Architektur des Gebäudes spiegelt des Kaisers Vorliebe für Geheimlehren und Zahlenmystik wider. So wurde der Narrenturm auf einem aufgeschütteten Erdhügel errichtet, um sich vom übrigen Gelände des damaligen Armen- und Krankenhauses abzuheben, ja gleichermaßen über der Erde in höheren Sphären zu schweben. Er sollte eine „Transmutationsmaschine" sein, ein Apparat zur Umwandlung der niederen menschlichen Natur (verkörpert in den Irren) in ein göttliches Wesen. Der Kaiser selbst sah sich als „Transformator", als Vermittler zwischen Mensch und Gott. Die Wirkung des Reaktors war am größten, wenn der Kaiser persönlich anwesend war, denn dann springt der Funke über und es kommt zum kosmischen Kraftschluss, der das Fließen der göttlichen Energie bewirkt.

Der Code 8-66

Die Zahl 8-66 ist die Hauptzahl des Turms. Sein Umfang beträgt aufgerundet 66 Klafter, darüber sitzt das Oktogon, daraus resultiert der Code 8-66. Diese Zahl steht bei den Hermetikern für den Engel Metatron, einem Hauptengel der christlichen und jüdischen Mythologie, der die Verbindung zwischen der Welt und Gott herstellt. Der Name Gottes ist ebenfalls im Bauwerk codiert, und zwar im Rustikamauerwerk der Innen- wie Außenfassade durch die Zahl 26, sie steht für den Zahlenwert der hebräischen Buchstaben von JHVH (10 + 5 + 6 + 5). 26 Ziegelreihen findet man an der Innenseite. Die Summe der Ziegel beträgt 2.574 oder 99 mal 26. Das bedeutet, dass der Name Gottes 99-mal verbaut wurde. Der hundertste Name wäre der Atem

Gottes, der als Blitz in jene (Blitzableiter-)Kugel einfährt, deren obskurer Zweck weiter unten beschrieben wird.
Für uns sind diese Gedanken schwer nachvollziehbar. Sehen wir doch heute keinen göttlichen Odem in Donner und Blitz. Auch sind für uns Zahlen nur quantitative Begriffe, dass sie Eigenschaften besitzen, müssen wir erst wieder verstehen lernen.

Obskure Behandlungsmethoden

Die Behandlungsmethoden wie durch Blitz herbeigeführte Elektroschocks, eiskalte Wassergüsse oder das Auflegen von Brennstäben waren grauenhaft, doch damals auf dem modernsten Stand der Wissenschaft. Im 18. Jahrhundert, der Zeit der „Aufklärung", hatten die Ärzte beobachtet, dass Geisteskranke vor und während eines Gewitters aufgeregter waren als sonst, sich aber nach der Entladung von Blitz und Donner beruhigten und einschliefen. Diesen „Beruhigungseffekt" machte man sich zunutze, indem man einen Blitzfänger konstruierte. Eine Eisenrohrleitung führte kreisförmig rund um das Dach des Narrenturms. Daran befestigte man eine Eisenkugel, die in der Mitte über dem Innenhof schwebte. Die eingefangenen Blitze wurden sodann über Rohrleitungen an den Wänden des Innenhofes in den Narrenturm hinein geleitet, die damit die Kranken „beruhigten". Die Horrormaschine selbst ist nicht mehr erhalten. Eine andere Konstruktion, die heute nur Kopfschütteln auslösen kann, ist jedoch noch im Original vorhanden: die Ringheizung. Sie sollte aus dem Keller des Gebäudes über vier große Öfen Warmluft in die Zellen leiten. Das funktionierte aber nicht, die Zellen wurden stattdessen mit Rauch vollgepumpt. Nach vergeblichen Verbesserungsversuchen froren die bedauernswerten Kranken also weiterhin, wie sie das von Anfang an im Narrenturm getan hatten. Man war damals nämlich davon überzeugt, dass Geisteskranke weder ein Hitze- noch ein Kälteempfinden hätten, daher waren die Fensteröffnungen ursprünglich nur vergittert. Die Verglasung erfolgte erst später, zugleich mit den primitiven Abtritten als Abortersatz.
Der Narrenturm stand als Irrenhaus fast 90 Jahre lang in Verwendung, der letzte Patient verließ das Gebäude im Jahr 1869. Die Zellen, in

28 Zellen in jedem Stockwerk koppeln die Seelen an den Mond

Präparate aus der Sammlung des pathologisch-anatomischen Bundesmuseums im Narrenturm (rechts): Der Zahn der Zeit nagt am Narrenturm – demnächst wird mit einer sanften Renovierung begonnen (rechte Seite)

denen einst die Schwerstkranken angekettet waren, kann man besichtigen, man sieht auch die mit Blech beschlagenen schweren Holztüren. Sogar die Schmiedewerkstatt hat sich original erhalten, genauso wie die Rohrleitungen des Blitzfängers und die seltsame Ringheizung. Heute befindet sich das pathologisch-anatomische Bundesmuseum im Narrenturm. Es beherbergt eine weltweit einzigartige Sammlung von 7.000 abnormen, menschlichen Präparaten, wie missgebildete Föten

und Körperteile, die von schlimmen Krankheitsformen befallen sind. Die Museumsleitung empfiehlt Nichtmedizinern vor dem Besuch eine gewisse Vorbereitung, um „Schockerlebnisse" zu vermeiden, die bei sensiblen Besuchern zu Übelkeit bis hin zur Ohnmacht führen können. Leider ist das bald 230 Jahre alte Gebäude mangels Budget dem Verfall preisgegeben.

TIPP

1090, Spitalgasse 2: Uni Campus – Pathologisch-anatomisches Bundesmuseum. Öffnungszeiten: Mi 10.00–18.00 Uhr, Sa 10.00–13.00 Uhr, an Feiertagen geschlossen. www.narrenturm.at

DIE HABSBURGER GEHEIMSCHRIFTEN

Was ist Kryptographie?

Kryptographie wurde überall dort angewandt, wo es um die Verschlüsselung tabuisierter Texte ging. Das älteste Beispiel für den Einsatz von Verschlüsselungscodes sind die altägyptischen Hieroglyphen, die mythologisch-religiöse Tabuthemen betrafen, aber auch in Mesopotamien fand sich eine Tontafel, auf der das Rezept für eine Glasur verschlüsselt weitergegeben wurde. Freilich benutzten auch antike Herrscher veränderte Buchstabenfolgen, deren Scrambling nur dem Empfänger bekanntgegeben wurde. Ob Briefe des diplomatischen Verkehrs oder auch private Schreiben mit brisantem Inhalt, keiner sollte sie lesen können, außer der Schreiber und der Empfänger. So ist es nicht verwunderlich, dass auch an den europäischen Fürstenhöfen der frühen Neuzeit Dokumente mit geheimem Inhalt kursierten.

Die Habsburger scheinen jedoch eine besondere Vorliebe für alles Geheimnisvolle, Verschlüsselte, Rätselhafte gehabt zu haben, deren Dokumente mit Geheimtexten seit dem 14. Jahrhundert überliefert sind. Besonders beliebt waren sie in der Renaissance. Um enorme Summen kauften die Kaiser alte Handschriften mit Geheimwissen, alchemistische Werke und magische Zauberbücher. Ja, sie ließen sogar selbst solche anfertigen und erfanden ihre eigenen persönlichen Codes. Täuschen und Tarnen gehörte zum Handwerk. *Quis nescit simulare, nescit regnare,* wer nicht täuschen kann, kann nicht regieren, hieß es.

Warum war das so? Hatte das vielleicht mit Wissen zu tun, das vor dem Volk geheim gehalten werden musste? Oder wollte man als Herrscher der oberste Geheimnisträger sein?

Die Erforschung der Geheimschriften des Mittelalters

Im Mittelalter und in der Renaissance, einer Zeit, in der große Teile der Bevölkerung Analphabeten waren, gehörte das Lesen und Schreiben zu den Fertigkeiten der Elite, der Mönche, des Adels und der Gelehrten. Der Herrscher musste darüber hinaus auch noch Sprachen und wohl auch Geheimschriften verstehen. So sind die Chiffren aus früheren Epochen vergleichsweise leicht zu knacken. Eine beliebte Verschlüsselungstechnik war zum Beispiel A = B, E = F, I = K, usw.: „Inhaltlich wurden Zaubersprüche, Teufelsbeschwörungen und später alchemistische Formeln in Geheimschrift verfasst", erklärt der Schriftexperte am Germanistikinstitut der Universität Wien Stephan Müller, denn „durch die Verwendung einer Geheimschrift machten sich die damaligen Schreiber ganz einfach interessanter".

Das erste Zeugnis für die Vorliebe der Habsburger für Geheimcodes hinterließ Herzog Rudolf IV. der Stifter. Seine chiffrierte Inschrift im Stephansdom wurde bereits im 18. Jahrhundert decodiert. Ihn haben wir damit enttarnt. Die anderen verschlüsselten Schriften der Habsburger Kaiser zu enträtseln, ist uns leider bis heute nicht geglückt. Weder das geheimnisumwitterte AEIOU von Friedrich III. noch die Geheimschrift von Maximilian I. in seinen Tagebüchern und Dokumenten noch Rudolfs II. unlesbares Buch können wir verstehen. Selbst die „unmöglichen" Hieroglyphen auf dem Schönbrunner Obelisk, deren Bedeutung 1777 noch gar nicht bekannt war, bleiben für uns ein Rätsel.

Zurzeit läuft ein Projekt am Germanistikinstitut der Universität Wien zur Erforschung der Geheimschriften des Mittelalters.

Unter der Leitung von Stephan Müller soll ein „Handbuch der deutschen Glossen und Texte des Mittelalters in Geheimschrift" erarbeitet werden. „Eine umfassende Darstellung der Geheimschriften des Mittelalters gibt es nicht. Die Geschichte der Kryptographie tat die Zeugnisse dieser Epoche als technisch anspruchslos und inhaltlich unspektakulär ab. Man bedachte jedoch nicht, dass Schrift im Mittelalter als exklusive, nur intimen Kreisen zugängliche Kulturtechnik andere Anforderungen an Verschlüsselungen stellte als in der Neuzeit. Man übersah, dass Schrift im Mittelalter nicht nur der Informationsvermittlung, sondern auch magischen, mystischen und repräsentativen Funktionen diente, und dass geheimschriftliche Texte dieser Zeit oft in solchen Kontexten stehen", erläutert der Experte die Aufgaben des Forschungsprojektes.

Das Handbuch soll Auskunft über Verschlüsselungstechniken geben sowie über deren Verbreitung, Inhalte und Funktionen. „Karten, Register und ein analytischer Einleitungsteil werden das Handbuch zu einem Standardwerk der volkssprachlichen Kryptographie des Mittelalters abrunden", verspricht der Forscher. Nun, man darf gespannt sein, ob sich den Wissenschaftlern die Geheimschriften der Habsburger offenbaren:

- Rudolf der Stifter (1339–1365): Alphabetum Kaldeorum
- Friedrich III. (1415–1493): AEIOU
- Maximilian I. (1459–1519): Tagebücher
- Rudolf II. (1552–1612): Voynich Manuskript
- Maria Theresia (1717–1780): Hieroglyphen, die es nicht geben dürfte

Alphabetum Kaldeorum

Herzog Rudolfs Chiffre

Stephansdom: Hier befindet sich die Geheimschrift Herzog Rudolfs IV.

Den Stephansdom, von den Wienern liebevoll „Steffl“ genannt, kennt jeder Wiener und Wienbesucher. Die Geheimschrift jedoch, die von seinem Gründer erfunden wurde, kennt kaum jemand. Diese chiffrierte Inschrift befindet sich im Vorbau des einstigen linken Seitentores. Leider ist sie wegen des davorstehenden Souvenirstands kaum mehr sichtbar. Umso mehr wollen wir sie vor der völligen Vergessenheit bewahren.

Herzog Rudolf IV. (1339–1365) verewigte sich dort im Stein mit einer angeblich von ihm selbst erfundenen Geheimschrift. Geheimschriften waren im Mittelalter gar nicht einmal so selten, weshalb auch diese bereits im 18. Jahrhundert entziffert wurde. Sie lautet: *Hic est sepultus nobili stirpe dux Rudolphus fundator.* Übersetzt bedeutet das: „Hier liegt begraben Rudolf der Stifter, aus vornehmem Geschlecht.“

Erst durch diesen Text, in dem sich Rudolf IV. selbst als fundator bezeichnet, erhielt er den Beinamen „der Stifter“.

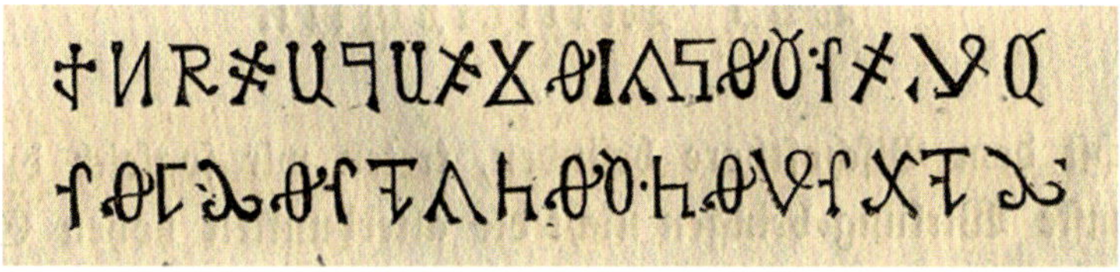

Diese Geheimschrift ist vermutlich keine Erfindung Herzog Rudolfs. Von wem sie tatsächlich stammt, weiß man allerdings nicht. In einer 1428 aufgezeichneten Sammlung verschiedener Nationalalphabete taucht die Geheimschrift Rudolfs IV. als angebliches Alphabet der Chaldäer auf, denen man im Mittelalter magisches Wissen nachsagte, weshalb sie „Alphabetum Kaldeorum“ genannt wird. Heute wird eine vollständige Fassung des „Alphabetum Kaldeorum“ in einer Handschrift aus dem Jahre 1428 in der Universitätsbibliothek München (Cod. 4°810, fol. 41v) aufbewahrt. Verwendet wurde die Schrift aber schon viel früher, wie unter anderem das Beispiel im Stephansdom zeigt.

Rudolf selbst schrieb ihr eine indische Herkunft zu; tatsächlich sind die Buchstaben dieser Buchstabenfolge aber mit keiner in Indien gebräuchlichen Schrift verwandt. Sogar die Grabplatte Rudolfs im Wiener Stephansdom trägt eine so verschlüsselte Inschrift, die nur den Namen und Titel des Herzogs wiedergibt – sie sollte möglicherweise

die Vorliebe Rudolfs für die Verwendung der Geheimschrift versinnbildlichen. Die Grabinschrift lautet: *Hic est sepultus dei gratia dux Rudolfus fundator.* Übersetzt: „Hier ist Rudolf der Stifter, Herzog von Gottes Gnaden, begraben."

In Wikipedia finden wir eine ganz klare Definition, die keiner Ergänzung bedarf: Das Alphabetum Kaldeorum war in erster Linie zur Verschlüsselung diplomatischer Korrespondenz gedacht; sein Zeichenvorrat weist darauf hin, dass überwiegend lateinische Texte chiffriert wurden: U und V werden gleichgesetzt; W war als doppeltes V zu schreiben; J fehlt. Für oft auftretende Buchstaben sieht das Alphabetum Kaldeorum mehrere verschiedene Zeichen vor, die parallel benutzt wurden und eine Entschlüsselung nach der mustergültigen Häufigkeitsmethode verhindern sollten. Ergänzend wurden in die chiffrierten Texte häufig so bezeichnete nulla eingeschoben, sinnlose Zeichen, die wie Buchstaben aussahen und das Entschlüsseln durch Unbefugte weiterhin erschwerten.

Rudolf der Fälscher

Herzog Rudolf IV. war eine schillernde Figur, die vor Selbstvertrauen strotzte. Manche nennen es Selbstüberschätzung oder Größenwahn, andere wiederum bezeichnen ihn wenig schmeichelhaft als „Rudolf den Fälscher".

Zum Herzog von Österreich hatte er sich selbst ernannt, übernahm als nur 14-Jähriger Herrschaftsaufgaben und trat 1358 als 19-Jähriger die Nachfolge seines verstorbenen Vaters Albrecht II. an. Schon damals gebärdete er sich „wie ein römischer König", wie Zeitgenossen berichten. Sein ganzes Sinnen und Trachten war auf die Königswürde gerichtet. Er fälschte Dokumente, wo er nur konnte. Das Privilegium Maius war nur eines von vielen. Heute weiß man, dass 80 Prozent der Dokumente aus dieser Zeit Fälschungen sind. Auf überaus schlaue Weise aber konnte Rudolf das Habsburger Herrschaftsgebiet erweitern. So erwarb er Tirol durch einen legitimen Kaufvertrag mit Margarete Maultasch. 1363 kaufte er eine Ritterburg samt Herrschaftsgebiet in Vorarlberg und fasste dort als erster Habsburger Fuß. Krain, das bereits zum Habsburger Gebiet gehörte, erhob er eigenmächtig zum Herzogtum. König wurde Rudolf trotzdem nicht, sein Schwiegervater Karl IV. aus dem Haus Luxemburg konnte sich gegen die Wittelsbacher und Habsburger durchsetzen. Rudolf baute Wien zur Residenzstadt aus, mit einem Dom als Bischofssitz und der zweitältesten Universität im deutschsprachigen Raum. Und obwohl er mit nur 26 Jahren starb, hinterließ er ein umfangreiches Werk und legte den Grundstein für Wiens Rolle als politischer und kultureller Mittelpunkt des Habsburgerreiches.

TIPP

Die Inschrift mit dem Geheimalphabet befindet sich im Souvenirshop des Stephansdoms, oberhalb des Kiosks.
1010, Stephansplatz 6: Erzbischöfliches Palais, im Dom- und Diözesanmuseum wird das einzige Porträt Rudolfs des Stifters gezeigt.

A. E. I. O. U.

Das mystische Motto Österreichs

Alles hat man versucht, um hinter Kaiser Friedrichs Geheimcode, die Buchstabenfolge AEIOU, zu kommen, und Generationen von Historikern bissen sich daran die Zähne aus. Als Austria-Code oder mystisches Motto Österreichs bezeichnet man gerne das rätselhafte Monogramm. Bis heute weiß man nicht, was dieser Code Friedrich III. bedeutet. War es nur sein persönliches Monogramm? Oder auch eine politische Botschaft oder gar ein Geheimcode?

Hochgrab Friedrichs III. (Illustration aus dem Kronprinzenwerk, 1886, linke Seite); AEIOU auf der Orgelempore der Ruprechtskirche (links)

Die fünf Vokale ließ Kaiser Friedrich III. (1415–1493) als Signatur auf seinem Tafelgeschirr, seinen Wappen und seinen Bauwerken anbringen. Die Idee dazu brachte er als 21-Jähriger vom Kreuzzug aus dem Orient mit und verwendete sie seit dem 27. April 1437 als sein persönliches Besitzzeichen.

Pei belhem pau oder auff welhem Silbergeschir oder kircngebant oder andern klainaten aeiou der strich und die funff puestaben, stend, das ist mein, herczog Friedreis des Jungern, gebessen oder ich hab das selbig paun oder machen lassen, schreibt Friedrich III., damals noch Herzog der Steiermark, in sein Notizbuch. Übersetzt in heutiges Deutsch: „Bei welchem Bau, Silbergeschirr, Kirchengewand oder anderen Gegenständen der Strich und die fünf Buchstaben stehen, das ist mein …“

Kaiser Friedrich III, war einer der begabtesten und gebildetsten Habsburger. Er widmete sich naturwissenschaftlichen Forschungen, der Astrologie, der Alchemie und der Mathematik. Er glaubte, dass wertvolle Edelsteine erst dann ihre Wirkung entfalten, wenn sie mit AEIOU versehen sind. Er vollendete den Bau des Stephansdomes getreu seinem Vorbild Rudolf IV., dem Stifter. Sein monumentales Marmorgrabmal befindet sich im rechten Chor des Stephansdoms. Der Kaiser selbst, als lebensgroße Skulptur auf dem Tumbadeckel, hält ein Spruchband mit den Buchstaben AEIOU.

Magisch-mystischer Formelglauben

Eine Bestätigung, dass Friedrichs Motto AEIOU nicht nur ein Monogramm, sondern vielleicht auch ein magischer Code sein könnte, glaubt man in seinen vom Horoskop abhängigen Entscheidungen zu sehen. Sein Hofastronom war Georg von Peuerbach, einer der herausragenden Gelehrten seiner Zeit. Nach dessen Vorhersagen plante Friedrich seine Unternehmungen. So nahm er seine Kaiserkrönung erst zwei Jahre nach der Wahl an mit der Begründung: *Omnia tempus habent* – „alles hat seine Zeit“. Auch seine Eheschließung erfolgte erst aufgrund des günstigen Horoskops seines Hofastronomen. Der Vollzug der Ehe mit Eleonore gar erst in einem von ihm zur Verwunderung des Hofstaates kurz vorher ausgewechselten Bett, weil er dachte, das kaiserliche Bett sei verhext worden.

Eleonore gebar fünf Kinder, von denen nur ein Sohn, der spätere Kaiser Maximilian I. (1459–1519), und die Tochter Kunigunde überlebten. Der Erstgeborene starb vier Monate nach der Geburt, wie Peuerbach in seinem Horoskop für Eleonore vorausgesagt hatte.

Dieses Horoskop, das Eleonore zur Kaiserin und Mutter Maximilian I. machte, war von entscheidender Bedeutung für die Entwicklung des Habsburgerreichs zur Weltmacht. Nur wenige kennen den wahren Anteil des Peuerbachers daran. Insofern darf man Friedrichs Code AEIOU und die Übersetzung der drei bekanntesten Versionen als Prophezeiung verstehen, meint der Autor einer Festschrift über Friedrich von Peuerbach.

Der Austria-Code

Friedrichs Marotte war allgemein bekannt, aber selbst seine Zeitgenossen wussten nicht, was die Vokalreihe zu bedeuten hatte. Seit fast 600 Jahren rätselt man nun darüber. AEIOU wird im Österreich-Lexikon Band 1, Seite 9 folgendermaßen gedeutet:

- Austria erit in orbe ultima (Österreich wird ewig sein)
- Austriae est imperare orbi universo (Österreich ist bestimmt, die Welt zu beherrschen)
- Alles Erdreich ist Österreich untertan

Kaiser Friedrich III. nach einem verlorenen Original von Hans Burgkmair (oben); Monogramm von Friedrich III. (unten).

Der österreichische Historiker Alphons Lhotsky (1903–1968) gibt sogar 300 verschiedene Versionen des Austria-Codes an. In den Schulen wird meistens die erste Version gelehrt, vermutlich auf Grund des einprägsamen Versmaßes. Im Volksmund sind auch eine Reihe von heiteren Interpretationen bekannt:

- Am End' is' ollas umasunst (Anklang an manche Wienerlieder)
- Allen Ernstes ist Österreich unwiderstehlich
- Alte Esel j(i)ubeln ohne Unterlass
- Aller Ehrgeiz ist Österreich unbekannt

Rätselhafter Code eines rätselhaften Kaisers

Zwei weitere Deutungsversuche sind erwähnenswert. Nämlich die Variante eines Anagramms des Namens JEHOVA, welches Friedrich bei seinem Kreuzzug nach Jerusalem kennengelernt haben könnte. Im Namen Gottes stecken die fünf Vokale AEIOU, das H wird nicht gesprochen. Vielleicht hat der Code aber auch mit dem griechischen Zahlwert 17 für AEIOU zu tun. 17 gilt in der Zahlenmystik als die Zahl der Auferstehung, nämlich als Symbol für 14 Tage Lichtmond und drei Tage Dunkelmond.

Interessant ist die Bezeichnung Austria-Code. Genau genommen sollte es Wien-Code heißen. Beide Worte haben denselben Zahlwert nach unserem Alphabet, die Zahl 51.

AEIOU [1 + 5 + 9 + 15 + 21 = 51]

WIEN [23 + 9 + 5 + 14 = 51]

Ob Zahlenmystik oder Geheimcode, eines ist sicher: Hinter Friedrichs AEIOU steckt mehr dahinter als nur eine Kennzeichnung seiner Besitztümer. Was genau, wird wohl für immer rätselhaft bleiben.

Riesenknochen von St. Stephan: Femur eines Mammuts, beschriftet: „AEIOU" bzw. „1443" (oben)

Nächste Doppelseite: Wiener Neustädter Altar im Stephansdom mit der Inschrift AEIOU

TIPP

1010, Ruprechtsplatz 1/2: Ruprechtskirche. AEIOU an der Orgelempore

1010, Stephansdom: AEIOU am monumentalen Marmorgrab Friedrichs III. und am linken Seitenaltar.

Das Grabmal von Georg von Peuerbach, Friedrichs Hofastronom, befindet sich im rechten Chor des Doms neben der Orgel.

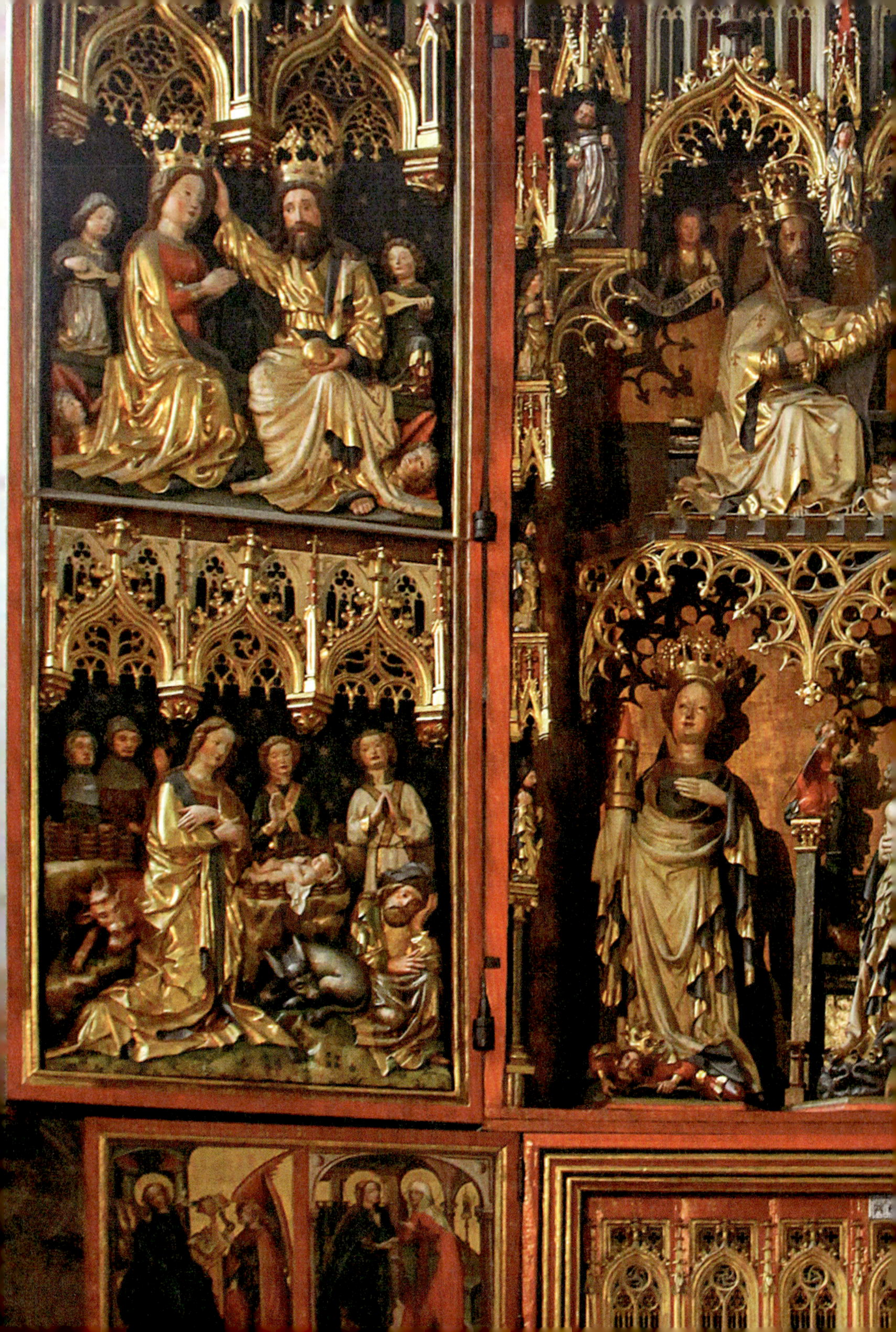

Hernach volgen ander sachen die kay. mt.
darinnen richten wil vnd daran die kay. mt.
zuuermanen ist

Wer nicht versteht zu täuschen ...

Kaiser Maximilians Tagebücher

Ein Rätsel für Historiker: Maximilians Tagebuch in Geheimschrift verfasst

Zu den Erfindern von Geheimschriften zählt auch der Römische Kaiser Deutscher Nation Maximilian I. (1459–1519), der Sohn Friedrichs III. Er war ein besonders eifriger Schreiber und hinterließ seine codierten Botschaften in seinen Tagebüchern. Auch die Verzierungen am Haus mit dem Goldenen Dachl in Innsbruck sind chiffrierte Inschriften des Kaisers: Auf dem Balkon des Hauses sind 12 Relieftafeln angebracht. Rätselhafte Spruchbänder umschlingen Arabeskentänzer mit grotesken Verrenkungen. Die Buchstaben scheinen eine Mischung aus Hebräisch, Gotisch und Koptisch zu sein – glaubt man in Innsbruck zumindest.

Vieles ist schon versucht worden, um hinter das Geheimnis zu kommen, jedoch auch hier ohne Erfolg. Vor einigen Jahren lief ein vom österreichischen Schriftsteller Felix Mitterer ausgeschriebener Wettbewerb zur Dechiffrierung der rätselhaften Sprüche am Innsbrucker Wahrzeichen. Außer Spekulationen oder Phantasieübersetzungen kam nichts dabei heraus. Auch der Wiener Mystery-Autor Reinhard Habeck nahm sich des Themas an und suchte in seinem Buch „Texte, die es nicht geben dürfte“ nach plausiblen Antworten. Allein weder in Innsbruck noch in Wien konnten ihm die Schriftexperten weiterhelfen.

Die geheimen Tagebücher des Kaisers

Maximilian verfasste nicht nur eigene literarische Werke, und zwar Heldenepen wie den Theuerdank oder Weißkunig, sondern er schrieb auch Tagebücher. Und zwar in einer selbst erfundenen Geheimschrift, die bis heute niemand entziffert hat. Nicht nur der Inhalt ist geheim, sondern auch der Verbleib der Bücher war es, bis Habeck sich auf ihre Fährte setzte. Er wollte nämlich weder glauben, dass diese Dokumente – wie man ihm sagte – in keinem Archiv verzeichnet, noch dass sie von der Wissenschaft niemals bearbeitet worden wären. Er startete seine Odyssee durch Innsbrucker, Grazer und Wiener Archive, bis er den entscheidenden Hinweis erhielt: Die Bücher liegen in der Handschriftensammlung der Österreichischen Nationalbibliothek.

Begonnen hat sein Interesse, als er auf einen Vermerk der Geschichtsforscherin Johanna Felmayer in ihrem 1996 veröffentlichten Kunstband „Das Goldene Dachl in Innsbruck“ stieß. Dort erwähnt sie

nebenbei: „Maximilian I. hat seine Mitteilungen zwar verschlüsselt, aber nichts dem Zufall überlassen. Er hat ja auch Tagebücher in einer selbst erfundenen Geheimschrift geführt." Sie bestätigte, dass sie die Bücher zwar gesehen hätte, aber nicht selbst lesen durfte. Sie seien auch nie der Forschung zugänglich gemacht worden. Diese brisante Aussage stachelte Habecks Forschergeist an und er ruhte nicht, bis er fündig wurde. Er fand einen weiteren Zeugenbericht. Der renommierte Grazer Universitätsprofessor und Maximilian-Spezialist Hermann Wiesflecker (1913–2009) berichtet in seinem mehrbändigen Standardwerk über Maximilian, dass „fünf Tagebücher erhalten" sind. Und auch er bestätigt, dass sie in einer „Geheimschrift" abgefasst worden seien, die nur Maximilian lesen konnte. Letztendlich konnte Habeck die wertvollen und offenbar nur wenigen Eingeweihten bekannten Tagebücher tatsächlich lokalisieren: Eines der Bücher liegt im österreichischen Staatsarchiv und vier weitere in der Handschriftensammlung der österreichischen Nationalbibliothek, beide Institutionen sind in Wien beheimatet.

Tagebücher Maximilians I. und Friedrichs III. (oben); Auszug aus dem Codex 2900, Österreichische Nationalbibliothek (rechts oben); Albrecht Dürer: Kaiser Maximilian I., 1519, Kunsthistorisches Museum Wien (rechts unten);

Der Urheber der unbekannten Schrift

Es gibt sie also, fünf Notizbücher mit Maximilians Geheimschrift, und sie sind echt. So viel kann man zumindest sagen. Aber was steht darin geschrieben? Gibt es Anhaltspunkte oder Hinweise? Wie äußerte sich der Kaiser selbst? Nun leider gibt es keinerlei Hinweise und eine wissenschaftliche Untersuchung durch Schriftexperten ebenso wenig. Der mögliche Urheber und vermutliche Lehrer Maximilians in der Geheimschriftenkunde könnte Johannes Trithemius (1462–1516), eigentlich Heidenberg aus Trittenheim an der Mosel und Abt des Klosters Sponheim, gewesen sein. Dieser bekannteste Grenzgebietsforscher seiner Zeit begleitete im April 1508 den Kaiser auf einer Reise. Als gelehrter Humanist, Alchemist und Kundiger von geheimem Wissen war er dem Kaiser ein anregender Gesprächspartner und durfte daher in der kaiserlichen Kutsche mitfahren. Was genau die beiden besprochen haben, erfahren wir leider nicht. Nur so viel, dass Trithemius dem Kaiser allerlei Zauberkunststücke vorgeführt haben soll.

Der Codex 2900

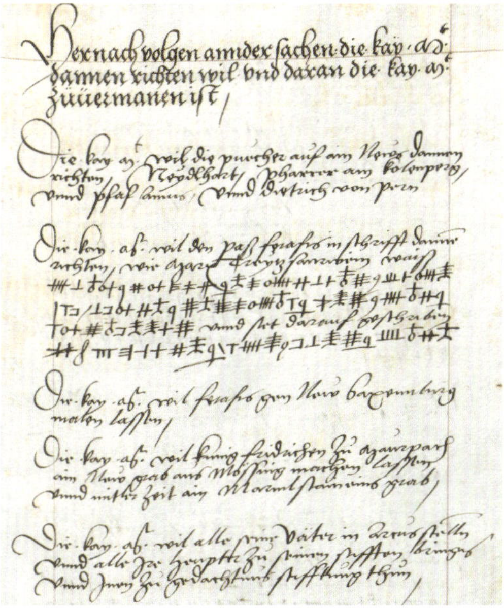

Nicht in allen fünf Büchern sind Geheimschriften und -zeichen zu finden. Aber zumindest in einem davon wird immer wieder auch lateinische Schrift verwendet, und damit sind einige Passagen für uns lesbar, dann folgen Passagen in Geheimschrift. Eine Übersetzung lässt sich jedoch in keinem Fall daraus ableiten. Das so genannte 3. Gedenkbuch, das als Codex 2900 in der Österreichischen Nationalbibliothek aufbewahrt wird, ist in lateinischer Schrift verfasst und enthält die rätselhaften Passagen in verschlüsselter Form. Der Codex wurde in den Jahren 1509 und 1513 von Kaiser Maximilian verfasst, wobei er zusätzlich eine spezielle Eilschrift anwandte. Also nicht nur eine Mischung aus Latein- und Geheimschrift, sondern auch Kürzel, deren Bedeutung nur er kannte. Nicht nur einmal verschlüsselt, sondern doppelt, denn doppelt gemoppelt hält besser. Der Chronik zufolge wurden sie im Jahre 1665 aus Schloss Ambras in Tirol nach Wien in die kaiserliche Hofbibliothek gebracht – heute die Österreichische Nationalbibliothek. Die Unikate sind im Hauptkatalog ab 1992 verzeichnet, aber wissenschaftliche Studien darüber gibt es nicht. Eines ist dennoch merkwürdig. „Es gibt nur eine Abbildung in einem digitalisierten Katalog, aber kein nachweisbares Fotonegativ", bemerkte der Leiter der Handschriftenabteilung anlässlich der Nachfragen Habecks. Hier sind noch nicht alle Fakten auf dem Tisch. Einige Fragen bleiben unbeantwortet.

Maximilian, der letzte Ritter

Kaiser Maximilian I., genannt der letzte Ritter, war ein Universalgenie, aber auch genialer Selbstvermarkter. Angeblich sprach er sieben Sprachen fließend, war

Ernst Gamillscheg, Abteilung Sammlung von Handschriften und alten Drucken der Österreichischen Nationalibibliothek

Astronom, Mathematiker, Alchemist, Ballistiker und Architekt seiner Schlösser. Als wagemutiger Reiter, Jäger, Naturfreund und Bergsteiger ging er in die Annalen von Innsbruck ein. Musisch begabt war der Kaiser als Dichter, Maler, Musiker und Tänzer. Seine Forschungsleidenschaft galt der Magie und den Geheimwissenschaften. Die Aufzählung dürfte noch unvollständig sein, denn der Habsburger sorgte auch für seinen Nachruhm als Kriegsherr und Kunstmäzen, der ihm mit dem überlieferten Zitat „Wer in seinem Leben kein Gedächtnis macht, wird mit dem Glockenschlag vergessen" erwiesenermaßen höchst wichtig war. Dazu scheute er sich nicht, eine ungeheuerliche Ahnenreihe zu erfinden. Sein (fiktiver) Stammbaum umfasst alle realen und mythischen Helden der Geschichte. In einer Buchmalerei um 1500 von Gerard David wird er selbst als „größter Held des Erdkreises" dargestellt. Das edle Blut des „Artus Küng von Ennggellanddt" soll in seinen Adern geflossen sein, und auch Noah reiht sich in die illustre Ahnengalerie ein. Wenn Maximilian in einer Anbetungsszene um 1500 als einer der Drei heiligen Könige dargestellt wird – das Bild hängt heute in der Belvedere Gemäldegalerie – dann ist des Fabulierens zu viel getan. Aber Klappern gehört zum Handwerk. Tarnen und Täuschen war die Devise. Ihm wird der Spruch zugeschrieben: „Wer nicht versteht zu täuschen, versteht nicht zu regieren." Mag auch vieles glorifiziert sein, der Mann war zweifelsohne eine herausragende Persönlichkeit.

TIPP

1010, Josefsplatz 1: Österreichische Nationalbibliothek. Öffnungszeiten des Prunksaals: täglich außer Mo 10.00–18.00 Uhr, Do bis 21.00 Uhr.
1010, Albertinaplatz 1: Museum Albertina, Ausstellung über Kaiser Maximilian I. und die Kunst der Dürerzeit. Öffnungszeiten: täglich 10.00–18.00 Uhr.

78

Das geheimnisvollste Buch der Welt

Das Voynich Manuskript

Ein ungefähr 500 Jahre altes Buch mit rätselhaftem Inhalt in einer bis heute nicht entzifferten Schrift gehörte einst dem Habsburger Kaiser Rudolf II. (1552–1612). Weder der Verfasser noch die Herkunft der Handschrift sind bekannt. Auf 250 Seiten werden unbekannte Pflanzen, Wesen und Sternenkonstellationen abgebildet. Niemand weiß, in welcher Sprache die Texte verfasst wurden noch was sie zu bedeuten haben, ja ob sie überhaupt etwas Sinnvolles enthalten oder nur ein Phantasiewerk darstellen. Manche meinen, es sei reine Narretei, andere sind davon überzeugt, dass es sich um eine kodierte Geheimschrift handle. Seit Jahrhunderten schon wird versucht, dem Rätsel auf die Spur zu kommen. Historiker, Kryptographen und Hobbyforscher bissen sich daran die Zähne aus. Selbst die Entschlüsselungsexperten der Geheimdienste konnten den Code nicht knacken. Der erfolgreichste Codeknacker aller Zeiten, der US-Kryptologe William Friedman (1891–1969), konnte zum Voynich Manuskript nicht mehr als eine begründete Vermutung äußern. Diese lautete, dass der Text eine in einer Kunstsprache verfasste und anschließend verschlüsselte Abhandlung sei.

Zumindest der Zeitpunkt der Niederschrift dürfte geklärt sein. Österreichische Forscher konnten 2009 mittels materialwissenschaftlicher Untersuchungen die Handschrift auf das Jahr 1404 bis 1438 und seine Herkunft auf den Alpenraum eingrenzen. Dieses Entstehungsdatum im frühen 15. Jahrhundert konnte von amerikanischen Spezialisten mittels der C14-Methode bestätigt werden. Die Schrift zu entschlüsseln gelang jedoch beiden nicht.

Die unlesbare Handschrift

1912 wurde dieses rätselhafte Buch, dem noch niemand seinen Sinn entlocken konnte, vom amerikanischen Antiquitätenhändler Michael Voynich (1865–1930) erworben. Es sei ihm in einem italienischen Kloster von den Mönchen zusammen mit einer Truhe voll alter Bücher verkauft worden. Über die Herkunft des unlesbaren Buches weiß man nichts Genaues. Lediglich so viel, dass Kaiser Rudolf II. die unglaubliche Summe von 600 Dukaten dafür bezahlt habe. Er selbst glaubte, das geheimnisvolle Buch stamme von Roger Bacon, einem englischen Universalgelehrten, der darin das geheime Wissen der Welt verschlüsselt hätte. Es galt also bereits damals als Schatz, für den der Kaiser bereit war, ein Vermögen auszugeben. Er ließ das Buch vom Prager Hofapotheker und Alchemisten Jakub Horcicky untersuchen, ohne je ein Ergebnis erhalten zu haben. Offenbar verstarb Horcicky bevor er auch nur ansatzweise das Geheimnis lüften konnte. Das Buch verblieb in seinem Nachlass und ging an einen weiteren Prager Alchemisten über. Im 17. Jahrhundert versuchte der universalgelehrte Jesuitenbruder Athanasius Kircher hinter den Sinn der Schrift zu kommen. Von diesem dürfte es in das italienische Jesuitenkloster gelangt sein, wo es Voynich zum Kauf angeboten wurde. Seit 1969 liegt das Buch in der Beinecke Rare Book & Manuscript Library der Yale Universität.

Schabernack oder Geheimmanuskript?

Einer der vielen Experten, die sich an der Dechiffrierung der Schrift und der Sprache des Manuskripts versuchten, war der österreichische Wissenschaftler Andreas Schinner. Der theoretische Physiker analysierte die Texte und entdeckte unnatürliche Regelmäßigkeiten in der Wortfolge, die in unseren Sprachen nicht vorkommen. Er schließt daraus, dass es sich um eine Kunstsprache handelt und dass ein raffinierter Schelm das Werk verfasst hätte, somit also nichts als blanker Unsinn sei. Dagegen spricht allerdings, dass das Buch sehr sorgfältig gearbeitet und auf teurem Pergament mit Spezialtinte geschrieben wurde. Dazu kommt, dass der Verfasser viele Jahre seines Lebens mit der Anfertigung zugebracht haben muss. Die Schabernack-Hypothese im Sinne eines Scherzes scheidet also aus. Aber was ist es dann?
In der Renaissance war es durchaus üblich, kostbare und zeitaufwendige Gegenstände für reiche Sammler zu produzieren oder auch aus echten Teilen zusammenzusetzen. Es gab ganze Fälscherwerkstätten, die Fabeltiere, Reliquien, magische Objekte und auch hermetische Schriften fälschten, um sie an gutgläubige Fürsten teuer zu verkaufen.

Leporello aus dem Voynich Manuskript: Vermutlich handelt es sich um astronomische Darstellungen

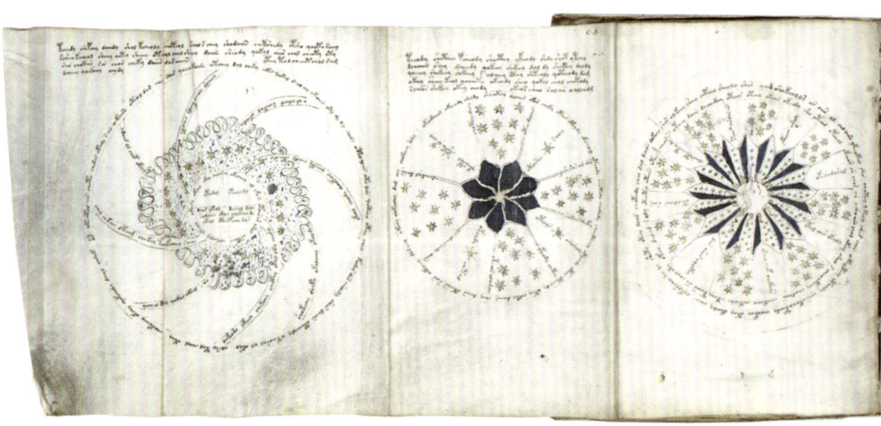

Sprachstatistiker identifizieren Schlüsselworte

Die letzte Meldung zum „unlesbaren Buch“ erschien 2013. Sprachstatistiker erarbeiteten einen neuen Ansatz zur Dechiffrierung des Textes. Ihre Analysemethode zeigte, dass es Schlüsselwörter gibt, die prozentuell häufiger vorkommen als andere. Diese Erkenntnis hatten zwar auch schon andere Forscher, doch noch nie wurden die Eigenschaften dieser Wörter im Vergleich mit unseren heutigen Sprachen untersucht. Das Ergebnis dieser Untersuchungen zeigt zumindest im gegenwärtigen Stadium, dass das Voynich Manuskript „mit natürlichen Sprachen kompatibel, inkompatibel jedoch mit rein zufällig erzeugten Texten“ sei.

Die magischen Zauberdinge Kaiser Rudolfs

Der Kaiser beschäftigte sich vorwiegend mit Alchemie, Astrologie und okkulten Praktiken. Als Förderer der Wissenschaften und Sammler von Kunstgegenständen bewahrte er nicht nur seltene Bücher über Magie und Alchemie, sondern auch magische Objekte in seiner „Kunst- und Wunderkammer“ auf. Sie galt als eine der bedeutendsten seiner Zeit. 1648 erbeuteten die Schweden bei der Einnahme Prags die Schätze, sodass nur mehr ein geringer Teil in Wiener Sammlungen vorhanden ist. Dazu gehören mehrere Alraunen, jene unheimlichen Wurzeln in Menschengestalt, die als Medien für allerlei okkulten Zauber benutzt wurden. Die beiden berühmten Alraunen des Kaisers, ein Weiblein und ein Männlein, konnten von der Autorin nach längerer Suche endlich 2010 aufgespürt und für das Buch „Unheimliches Wien“ erstmals fotografiert werden. Sie liegen in Samt gekleidet und gut behütet in einem Karton in der Österreichischen Nationalbibliothek in Wien. Leider für die Öffentlichkeit nicht zugänglich. Wer weiß, welche Schätze in den Tiefen der Depots noch schlummern? Welche Schriften bis heute noch unentdeckt sind? Vielleicht kann eines Tages doch ein Würdiger das Geheimnis um das „unlesbare Buch“, das rätselhafte Voynich Manuskript, lösen.

TIPP

1010, Burgring 5: Kunsthistorisches Museum Wien. 2013 neu eröffnete Kunstkammer mit magischen Objekten. Geöffnet Di–So 10.00–18.00 Uhr, Do 10.00–21.00 Uhr.
Die Geheimschriften aus der ehemaligen kaiserlichen Hofbibliothek befinden sich in der Handschriftensammlung der Österreichischen Nationalbibliothek.

BIBLIOTHEK

„Enthält nichts Schlechtes“

Maria Theresias Geheimes Hausarchiv

Treppenhaus des Haus-, Hof- und Staatsarchivs (links)
Nächste Seite: Regalreihen der Urkundensammlung (links); Gründungsakt durch Maria Theresia 1749 (rechts Mitte); das mysteriöse Wandgemälde von Carl Peyfuß, 1903 im Treppenhaus des Archivgebäudes (rechts unten)

Der Allgemeinheit wenig bekannt und meist nur von Doktoranden oder Buchautoren besucht ist ein Gebäude am Minoritenplatz mit der Aufschrift Haus-, Hof und Staatsarchiv. Es wurde 1902 erbaut und beherbergt das Gedächtnis unseres Landes. Hier wird auf insgesamt 16 Kilometern eines vor kurzem sorgfältig restaurierten gusseisernen Speichergerüsts das archivarische Erbe der Habsburger Herrschaft aufbewahrt. Dort liegen Dokumente, deren Bedeutung weit über die Grenzen Österreichs, ja teilweise über die Grenzen Europas hinausreichen. Warum wurde es „Geheimes Hausarchiv“ genannt? Was wurde dort aufbewahrt?
Im Geheimen Hausarchiv sammelte man alle jene privaten Korrespondenzen, diplomatischen Schreiben, brisanten Aktennotizen und unverzichtbaren, Herrschaft begründenden Dokumente, die nur von den Habsburgern stammten und von diesen verwendet wurden. Streng vertraulich oder *for your eyes only* würde man heute sagen.

Die Gründung des Haus-, Hof- und Staatsarchivs

Die ältesten Bestände des Geheimen Hausarchivs gehen auf die Babenberger zurück. Deren Archiv datiert aus 1137, dem Jahr der Gründung des Stephansdoms. Auch die frühen Habsburger legten Archive an, jeder in seiner Residenzstadt. Im Jahr 1749 gründete Maria Theresia das Haus-, Hof- und Staatsarchiv in Wien und führte hier erstmals sämtliche Habsburger Dokumente an einem Ort zusammen. Als Herrscherin mit ausgeprägtem Ordnungssinn war sie es leid, immer suchen zu müssen, wenn sie wichtige Dokumente benötigte. Über ihre Beweggründe gibt sie in einem am 13. September 1749 an den Oberstburggrafen von Prag gerichteten Schreiben Auskunft: „Sie beklagt die Schwierigkeiten, in die sie nach dem Tod ihres Vaters, Kaiser Karls VI., und im daraufhin ausgebrochenen ‚schweren Krieg‘ (Erbfolgekrieg 1740–1748) geraten sei, weil es an den zur Behauptung ihrer Herrschaftsrechte notwendigen Originaldokumenten gefehlt hätte, die unerreichbar, verteilt auf mehrere Residenzstädte ihrer Vorfahren, verwahrt würden“, erläutert Gerhard Gonsa, Mitarbeiter des Staatsarchivs. Zum Leiter des geheimen Hausarchivs wurde Theodor Anton Taulow von Rosenthal (1702–1779) ernannt. Er reiste in sämtliche jemals von Habsburgern ernannten Residenzstädte, darunter Prag, Innsbruck, Graz und Wiener Neustadt, und sammelte ein, was immer an Testamenten, Erbverträgen, Heiratskontrakten, Thronfolgeregelungen, Friedensverträgen, Ständeprivilegien und Landesstatuten noch vorhanden war, immerhin

13.125 Urkunden. Zunächst brachte man sie im Reichskanzleitrakt der Hofburg unter. Da aber die Akten immer mehr und die Sammlungen zu groß wurden, übersiedelte das Archiv 1903 in das neu errichtet Haus- und Hofarchiv am Minoritenplatz. Nach dem Zusammenbruch der Monarchie 1918 wurde es zum Staatsarchiv.

Elf Stockwerke voller Geheimakten

Ein repräsentatives Treppenhaus erschließt einen Bürotrakt. Dahinter befinden sich zwei riesige, vom zweiten Kellergeschoss bis ins Dach reichende Magazin-Trakte. Diese sind horizontal durch acht Gitterroste und zwei Betonzwischendecken in elf niedrige Geschosse geteilt. Insgesamt werden hier auf 16.000 Laufmetern 130.000 Geschäftsbücher und Aktenkartons, 75.000 Urkunden, 15.000 Karten und Pläne und etwa 3.000 Handschriften verwahrt. Die Fassade wurde so weit wie möglich den barocken Adelspalais am Minoritenplatz angepasst, nur die relativ bescheidene Eingangstür scheint nicht so recht in die architektonische Harmonie zu passen. Hinter der Tür geht es allerdings nobel weiter. Zunächst begrüßt eine schmeichelhaft schlanke Maria Theresia den Besucher. Danach schwebt man über die Prunktreppe nach oben, den Blick auf das Deckenfresko geheftet. Drei Bilder des Malers Carl Johann Peyfuss stellen den Gründungsakt des geheimen Hausarchivs durch Maria Theresia im Jahr 1749 und den Eröffnungsbesuch des Kaisers Franz Joseph I. im Jahr 1904 dar. Einiges Geheimnisvolle hat sich auch in dieses Bild verirrt. So tragen die Herren Hofbeamten bereits ihre Orden, die ihnen erst nach der Eröffnung vom Kaiser verliehen wurden. Und der wegen Krankheit abwesende Hofprälat erscheint wundersamerweise in vollem Ornat ebenfalls auf dem Bild. Wir dürfen diese Darstellung jedoch nicht im Sinne einer fotografischen Momentaufnahme betrachten, sondern als eine Erzählung eines Ereignisses, in dem die Zukunft bereits vorweggenommen wird – nicht unüblich bei Auftragsbildern dieses Genres.

Logenverzeichnisse und Vampirakten

Zu den Verschlussakten zählten wohl die Verzeichnisse über die Mitglieder der Wiener Logen. Obwohl immer verboten, gab es sie doch: die Freimaurer, Illuminaten, Rosenkreuzer und andere Bruderschaften. Die Mitgliederlisten, Dokumente und Briefe der verschiedenen Wiener Logen werden in diesem Archiv und der Österreichischen Nationalbibliothek aufbewahrt.
Ebenso unter Verschluss stand einst die von Maria Theresia in Auftrag gegebene Studie über Vampire. Sie sandte ihren Leibarzt und Hofbibliothekar Gerard van Swieten (1700–1772) nach Transsilvanien, um den ihr zu Ohren gekommenen Vampirismus aufzuklären. Was der Doktor dort zu sehen und zu hören bekam, notierte er penibel und

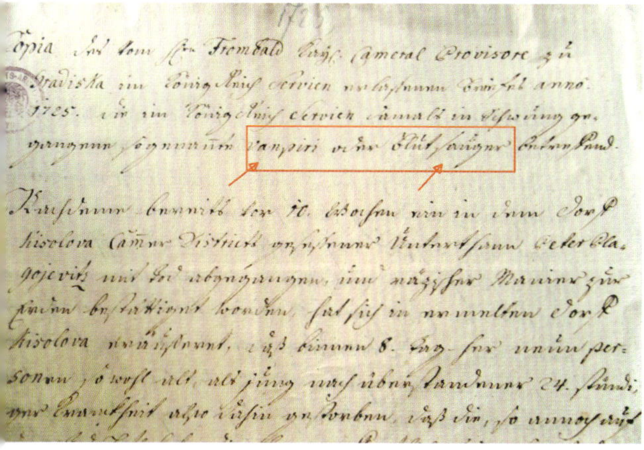

überreichte den Bericht seiner Auftraggeberin. Diese Akten wurden im Archiv unter Verschluss genommen – sie waren viel zu brisant. Denn anstatt zu schreiben, dass alles nur Aberglaube sei, berichtet van Swieten haarklein über die Bräuche der Bevölkerung im Kampf gegen die vermeintlichen Vampire. So wurde das Werk, anstatt gegen den Vampirismus, ein Beweis für denselben. Im „Unterthänigstn Bericht über die Vampir oder Blutsauger. Wallachischer Sprache MOROI genannt" kommt van Swieten zu folgenden Behauptungen:

1. *Das Militare ist von denen Vampiren frey.*
2. *Teitsche werden von denen Vampiren nit angefochten.*
3. *Die Furcht des Totes achtet kein Verbott.*
4. *Die Zeit, wo dießes Übel am stärksten Crassieret ist die Fastenzeit nach Weihnachten bis Ostern.*

Van Swietens Kataloge der verbotenen Bücher

Bereits unter dem Kaiser Karl VI. (1685–1740) wurde in Wien ein Gebäude für die umfangreiche Hofbibliothek errichtet. Der barocke Prunksaal, erbaut von Joseph Emanuel Fischer von Erlach zwischen 1723 und 1726 nach Plänen seines Vaters, des berühmten Hofarchitekten Johann Bernhard Fischer von Erlach, zählt heute zu den schönsten historischen Bibliotheken der Welt.
Auch die Hofbibliothek hatte geheime Bücher im Bestand und auch diese streng unter Verschluss.

Der Hofbibliothekar und Vorsitzende der Bücherzensurkommission, Gerard van Swieten, legte ein Verzeichnis darüber an. Bekannt ist van Swieten als Leibarzt Maria Theresias, aber eigentlich hatte sie ihn 1745 als Präfekt der Hofbibliothek nach Wien geholt.
So besitzt die Österreichische Nationalbibliothek einen Codex, in welchem van Swieten die von ihm zensurierten Bücher als nützlich beziehungsweise von schamlos bis gefährlich beurteilt – und zwar in Geheimschrift:
„Ein nützliches Buch, das ich für die Bibliothek gekauft habe" – „enthält nichts Schlechtes" – „nichts Schlechtes, aber auch nichts Nützliches gefunden" sind positive Kommentare.
Es gibt aber auch andere: „Schamlos, wird verboten" – „enthält viel Gefährliches, wird verboten".
Um die Bücher beurteilen zu können, musste er sie natürlich lesen. Das tat er in den geheimen Studierstuben, die sich hinter den Regalen des Prunksaals verbergen. Die Kämmerchen hatten Tageslicht, ein kleines Pult und einen Stuhl.
Schon Kaiser Karl VI. hatte sie einbauen lassen und dort nicht nur gelesen, wie böse Zungen behaupten. Sie sind noch heute vorhanden und können bei einem Besuch des Prunksaals hinter einigen geöffneten Regalwänden besichtigt werden.
Nichts ist heute mehr geheim. Sowohl die gruseligen wie auch die einst verbotenen Dokumente können eingesehen werden. Sowohl das ehemalige Geheime Hausarchiv wie auch die Österreichische Nationalbibliothek sind heute für jeden zugänglich. Allerdings nur mit drei Paar weißen Handschuhen. Diese sind käuflich zu erwerben, bevor man Zutritt zu den heiligen Hallen erhält.

Das Kaiserbild aus dem Naturhistorischen Museum mit Gerard van Swieten links hinter dem Kaiser stehend (oben); der Vampirakt aus dem Jahr 1725 (unten)

TIPP

1010, Minoritenplatz 1: Haus-, Hof- und Staatsarchiv. Öffnungszeiten: Mo–Do 09.00–16.00 Uhr, Fr 09.00–13.00 Uhr. www.oesta.gv.at
Anlässlich der Langen Nacht der Museen präsentiert das Haus-, Hof- und Staatsarchiv die denkmalgeschützten Archivspeicher am Wiener Minoritenplatz 1, die sonst für die Öffentlichkeit nicht zugänglich sind, und eine Ausstellung, die ausgesuchte Dokumente zur Geschichte des Hauses Habsburg zeigt.
1030, Nottendorfer Gasse 2: Österreichisches Staatsarchiv. Öffnungszeiten: Mo–Do 09.00–18.00 Uhr, Fr 09.00–15.00 Uhr. Eintritt frei
1010, Josefsplatz 1: Prunksaal der Österreichischen Nationalbibliothek. Öffnungszeiten: täglich außer Mo 10.00–18.00 Uhr, Do bis 21.00 Uhr

Hieroglyphen, die es nicht geben dürfte

Schloss Schönbrunn

Obelisk über der Sibyllengrotte – phanstastische Botschaften auf 31 Meter Höhe

Was selbst viele gebürtige Wiener nicht wissen, wenn sie im Schlosspark von Schönbrunn ihren Sonntagsspaziergang genießen: Die barocke Gartenanlage wurde nach hermetischen und kabbalistischen Prinzipien errichtet und enthält viele verborgene Geheimnisse. Die gesamte Parktopographie, die Entwürfe der Beete, der Schönbrunner Berg mit der Gloriette, der Tiergartenpavillon und der Obelisk mit seinen „ägyptischen" Hieroglyphen verkörpern die Philosophie der Freimaurer, Rosenkreuzer und Illuminaten.
Der schöpferische Geist dahinter dürfte Kaiser Franz Stephan von Lothringen (1708–1765), der Gemahl Maria Theresias und oberster adeliger Freimaurer des Landes, gewesen sein. Als Förderer der Wissenschaften umgab er sich mit den führenden Gelehrten Europas und sammelte Pflanzen, Tiere und Steine, kaufte alchemistische Werke und betrieb selbst Alchemie in seinem Palais Kaiserhaus in der Wallnerstraße und im Tiergarten-Pavillon in Schönbrunn. Er wirkte im Geheimen, unter den wachsamen Augen der Gattin, die weder die Freimaurerei gestattete noch der Alchemie etwas Positives abgewinnen konnte. Unter ihrer Regierung (1740–1780) entstand eines der schönsten Barockschlösser der Welt. Unter dem Deckmantel einer erbaulichen Sommerresidenz jedoch betrieb der Herr Gemahl die Geheimwissenschaften.

Der unmögliche Obelisk

Eines der Geheimnisse birgt der große Obelisk am Ende der östlichen Diagonalallee. Die Obeliskenallee ist eine der wichtigsten Blickachsen des Parks und lässt allein dadurch ihre Bedeutung erkennen. Der Blick von der Schlossterrasse durch die Baumreihe endet beim Obeliskenbrunnen. Über einem künstlichen Felsen mit einer Sibyllengrotte ragt dieser Blickfang 31 Meter in den Himmel. Er ruht auf vier goldenen Schildkröten und ist aufgrund seiner hoch aufragenden Form und monolithischen Gestalt ein Symbol für Stabilität und Ewigkeit, insbesondere für jene des Habsburger Kaiserhauses. Auf seinen vier Seiten sind goldene Hieroglyphen eingraviert, die bislang als Phantasiezeichen oder Pseudohieroglyphen galten. Es konnte sich wohl keinesfalls um echte handeln, denn die ägyptischen Hieroglyphen wurden erst 1822 dank des Steins von Rosette dechiffriert. Aber bereits 1802 schrieb ein Wiener Autor in einem Führer durch Schönbrunn, die ägyptischen

Die „unmöglichen“ Hieroglyphen

Hieroglyphen würden die Geschichte Maria Theresias erzählen. Spätere Parkführer wiederholten die offenbar damals bekannte Tatsache. Mit der Zeit scheint dieses Wissen jedoch in Vergessenheit geraten zu sein, denn ab ungefähr 1900 wird nur mehr von Phantasiezeichen gesprochen.

Erst im Jahr 2005 untersuchte die Ägyptologin Julia Budka die Zeichen und Bilder genauer, und zwar – man höre und staune – zum ersten Mal überhaupt und stellte verblüfft fest: Es sind tatsächlich ägyptische Hieroglyphen sowie Piktogramme und sie erzählen – wie immer behauptet – über die Regentschaft der Kaiserin Maria Theresia.

Wie ist das möglich? Der Obelisk wurde nachweislich ein halbes Jahrhundert vor der offiziellen Hieroglyphen-Dechiffrierung errichtet. Wer konnte damals die ägyptischen Zeichen lesen und schreiben? Woher kam das Wissen?

Ferdinand von Hohenberg: Architekt, Freimaurer und Illuminat

Errichtet wurde der Obelisk samt dem Brunnen und der Sibyllengrotte 1777 von Ferdinand von Hohenberg (1733–1816). Er begann seine Laufbahn als Theater- und Dekorationsmaler, wurde dann Leiter der Wiener Architekturschule und später Hofarchitekt unter Maria Theresia. Als Logenbruder und Günstling des Staatskanzlers Wenzel Anton Graf Kaunitz (1711–1794) gestaltete er die Parkanlagen des Adels in und um Wien im Sinne der freimaurerischen Ideen seiner Auftraggeber mit Grotten, Tempeln, Pyramiden und Obelisken. Von Kaunitz protegiert, bestellte Maria Theresia nach dem Tod ihres Gemahls 1765 Hohenberg zum künstlerischen Leiter ihres geliebten Schönbrunner Parks. Er erhielt in der Folge die Aufträge für die Errichtung der Gloriette 1775, des Obelisks 1777 und der römischen Ruine 1778. In all diesen Bauwerken sind die Zahlenmystik und die Philosophie der Freimaurer, Rosenkreuzer und Illuminaten erkennbar. Der Illuminatenorden (lat. *illuminati*, „die Erleuchteten“) war eine am 1. Mai 1776 vom Philosophen und Kirchenrechtler Adam Weishaupt in Ingolstadt nach dem Vorbild der Freimaurer gegründete Geheimgesellschaft. 1785 wurde sie in Bayern verboten und stellte ihre Aktivitäten daraufhin ein. Da sich beide Geheimorden auf die „Weiße Bruderschaft" des alten Ägyptens begründen, darf man annehmen, dass Hohenberg als Freimaurer und Illuminat in die ägyptischen Mysterienkulte eingeweiht war. War also Hohenberg der Urheber der rätselhaften Hieroglyphen? Hatte er Zugang zu geheimem Wissen? Wo sind die Quellen zu suchen?

Das Geheimnis des Hermes Trismegistos

Dazu müssen wir in das Ursprungsland der Obelisken, nach Ägypten blicken. „Obelisken sind Träger ägyptischen Urwissens vom Wesen der Welt", erklärte im 17. Jahrhundert der Universalgelehrte Athanasius Kircher, der sich unter anderem der Ägyptologie widmete und meinte, die Hieroglyphen als okkulte Symbole erkannt zu haben. Das von Kircher angesprochene uralte Wissen soll der Überlieferung nach von Hermes Trismegistos von den Göttern an die Menschen weitergegeben worden sein, und bis in die Neuzeit glaubte man, Hermes Trismegistos hätte tatsächlich gelebt und wäre der Verfasser der nach ihm benannten hermetischen Schriften. Die als „Corpus Hermeticum" bekannten Dialoge wurden erst in der Renaissance wiederentdeckt und waren von da an ein begehrtes Gut an den europäischen Fürstenhöfen, die durch ihre Übersetzung 1463 von Italien aus ihre Verbreitung fand. Die Habsburger Kaiser gaben Unsummen für deren Besitz aus. Ähnlich populär war die „Tabula Smaragdina", die nördlich der Alpen zur Grundlage der alchemistischen Suche nach dem Stein der Weisen wurde. Ein Teil dieses Werks erschien 1559 in der Übersetzerschule von Toledo auf Latein als „Liber de Compositione Alchemiae" und gelangte an den Hof Kaiser Maximilian II. Doch wo ist das Werk verblieben? Etwa hermetisch abgeschirmt in einem Archiv? Das Wort „hermetisch" fand in unsere Alltagssprache Eingang, als „absolut geheim" oder „versiegelt". Ein Hermetiker ist jemand, der ein Geheimnis hütet, das ihn zum Schweigen verpflichtet. Die Geheimhaltung sei notwendig, damit kein Unwürdiger zum Schaden anderer das Wissen anwenden möge. Daher muss der Adept neun Einweihungsstufen durchlaufen, in denen ihm schrittweise die Geheimnisse offenbart werden.

Die Schönbrunner Hieroglyphen

Hier erkennen wir bereits die Bezüge des Schönbrunner Obelisken zur Zahl 9. Er besteht aus insgesamt 27, also 3 mal 9 Steinblöcken. An der Westseite, dem Schloss zugewandt, sind alle 27 Steinblöcke mit Hieroglyphen beschrieben, die anderen Seiten nur an den obersten neun Blöcken. Auf dem obersten der 27 Steinquader leuchtet die Hierogly-

phe des Sonnengottes Ra. Eine goldene, 16-strahlige Sonne, als Kreis mit Punkt dargestellt. Obelisken sind sehr alte kosmische Symbole. Schon im antiken Ägypten standen sie im Zusammenhang mit dem Sonnenkult. Der Obelisk verkörpert den Weg der Sonnenstrahlen zur Erde, deshalb wird er oft von einer goldenen Kugel bekrönt. Die Hieroglyphe der Sonne ist also ein universelles Zeichen, ein Archetyp, den jedes Kleinkind zeichnet, ohne vorher eine Anleitung erhalten zu haben. Die Westseite des Obelisken, die Schauseite, besteht hauptsächlich aus Zeichen und Bildern. Darunter finden wir mehrere universelle Glyphen, die wir auch heute noch so verwenden, so das Zeichen für Sonne, Wasser oder Haus. Darüber hinaus gibt es Bilder von Gegenständen, die über das Herrscherhaus berichten, wie die drei Habsburger Kronen, das Szepter und die Insignien. Die Göttin mit der Mauerkrone in einem Tempel hält Zirkel und Winkeleisen in ihren Händen. Auf dem Dach sitzen die Eulen der Weisheit. Hier wird eindeutig der Bezug zu den Freimaurern und Illuminaten hergestellt. Auf dem Kleid der Göttin sind die vier Wissenschaften mit je einem Bild dargestellt, die Malerei, die Architektur, die Mathematik und die Musik. Das Fernrohr und andere Instrumente, Schriftrollen und Bücher erzählen von der Sammelleidenschaft der Habsburger, besonders jener von Maria Theresias kaiserlichem Gemahl Franz Stephan.
Weniger einfach zu deuten sind die Zeichen in den Kartuschen. Sie enthalten unter anderem Königsnamen und wurden von altägyptischen Obelisken übernommen. Ihr Sinn ist aber nicht erklärbar, möglicherweise haben sie nur Füllfunktion, ebenso wie jene Hieroglyphentexte, die von damals bekannten Obelisken kopiert wurden. Ob die Texte verstanden wurden oder nicht, kann heute nicht mehr nachvollzogen werden. Sicherlich wählte man als Vorlage den nach Rom transferierten Obelisken, um den Bezug zum römischen Kaisertum herzustellen. Selbst die Ägyptologin Julia Budka musste am Ende ihrer wissenschaftlichen Analyse erkennen, dass es mehr als eine Interpretation gibt. Die Zeichen erzählen eine Geschichte mit doppeltem Boden, die nur dem Eingeweihten zugänglich ist. Eine Geschichte in Rätseln, Symbolen und Allegorien. Sie galten im 18. Jahrhundert als geeignete Mittel, ein Wissen publik zu machen und gleichzeitig geheim zu halten. Diese Form des öffentlichen Geheimnisses gewährleistet, dass nur diejenigen eingeweiht wurden, die Rätsel, Symbol und Allegorie verstanden.

Freimaurer- und Illuminatensymbole auf dem Schönbrunner Obelisk

Geheimzeichen und magische Signatur

Der so genannte „Hieroglyphendekor" am Obelisk ist daher kein phantasiereicher Schmuck, sondern er besteht aus „sprechenden" Zeichen. In der Vorstellung der Hermetiker hatten die Hieroglyphen drei Funktionen:

1. Als Geheimschrift, denn nur Eingeweihte konnten sie lesen
2. Als Piktogramm im Gegensatz zur Lautschrift
3. Als Signatur, das heißt als magische Zeichen

Der Schönbrunner Obelisk wurde Budka zufolge tatsächlich als Ehrendenkmal für Maria Theresia gestaltet. In einer Art verschlüsselter Sinnbildschrift werden auf der Westseite des Monuments die wichtigsten Ereignisse im Leben der Kaiserin erzählt. Der Obelisk steht unter deutlichem Einfluss der aufgeklärten Freimaurerei. Der Hieroglyphendekor spiegelt folglich entsprechendes Gedankengut und Interpretationen der ägyptischen Schrift sowie Freimaurer-Symbolik wider. Einige Fragen bleiben aber trotzdem unbeantwortet. So manches entzieht sich einer Deutung und bleibt weiterhin geheimnisvoll.

ROM – Codewort der Illuminaten für Wien

Dazu zählt auch die Inschrift auf dem Sockel. Sie kann zwar ohne Schwierigkeiten gelesen und übersetzt werden, birgt jedoch einige Merkwürdigkeiten, die nach all den verborgenen Hinweisen im Obeliskendekor zu denken geben. Was genau macht uns hier stutzig? Darf man etwa auch hier einen Bezug zum Freimaurer- und Illuminatentum sehen?

Die Inschrift lautet *JOSEPHO II ET MARIATHERESIA AA: REGNANT: ERECT: MDCCLXXVII,* aus dem Latein übersetzt: „Errichtet 1777 unter der Regierung der Kaiser Joseph II. und Maria Theresia." Die Überprüfung der numerischen Entsprechung der Buchstaben offenbart dann Erstaunliches. Nicht in den Worten steckt der vermutlich verborgene Inhalt, sondern in der Zahlensumme sämtlicher Buchstaben der Inschrift. Die Botschaft ist also gematrisch verschlüsselt. Gematria ist die Kunst, Wörter als Zahlen zu lesen. Diese Kunst, eine besondere Art der Zahlenmagie, wurde ab dem 13. Jahrhundert von jüdischen Gelehrten entwickelt und erfreute sich bis zum Ende des Barocks großer Beliebtheit.

Die Summe der Buchstaben ist 46, wobei die römischen Zahlen der Inschrift als Buchstaben mitgezählt werden müssen. Die Zahl 46 entspricht dem Buchstaben-Zahlwert für ROM [18 + 15 + 13 = 46]. Rom war das Codewort für Wien unter den Illuminaten.

Die gematrisch verschlüsselte Inschrift

Die ehemalige kaiserliche Sommerresidenz: Nicht nur ihre Lage weit außerhalb der Stadt gibt Anlass zu mystifizierenden Spekulationen

Jedes Mitglied und jede Loge, wurde mit einem Codenamen belegt. Die Summe der Buchstaben-Zahlwerte der Inschrift und für Rom alias Wien sind also ident. Ein Bezug zum Illuminatenorden ist nicht von der Hand zu weisen.
Nun wollen wir auch noch den verborgenen Sinn hinter den Abkürzungen, genauer in den fehlenden Buchstaben, entziffern. Die lateinischen Worte mit dem Doppelpunkt sind nicht ausgeschrieben, sondern abgekürzt. Diese Abkürzungen sind zwar für den Lateinkundigen verständlich und daher plausibel, verwundern aber doch auf einem so stolzen Monument. Mögen sie auf Denkmälern auch anderswo üblich sein, hier darf man trotzdem einen verborgenen Sinn vermuten, der wiederum in Zusammenhang mit den Illuminaten steht. In den Abkürzungen sind 13 Buchstaben verborgen: Die Illuminaten-Hierarchie besteht aus dem „Rat der 13", meist als 13-stufige Pyramide, wie beispielsweise auf der Dollarnote, dargestellt. Somit sind in der Inschrift mehrere Hinweise auf die Illuminaten codiert, die im Verborgenen dieses Denkmal errichteten.

Buchstabensumme =	46
Josepho II	7
Et	2
Mariatheresia	13
AA: (augusti)	2 + (7 verborgen)
REGNANT: (ibus)	7 + (4 verborgen)
ERECT: (us)	5 + (2 verborgen)
MDCCLXXVII…1777	10

Vielleicht erklärt sich damit auch noch in anderer Hinsicht die von der Ägyptologin Budka geäußerte Vermutung, dass die Hieroglyphenkartuschen von römischen Obelisken kopiert wurden, um den Bezug zu Rom herzustellen. Sozusagen ein zweiter, verborgener Hinweis auf das Wien der Illuminaten und Hohenberg und Kaunitz als Erbauer des Obelisken.

TIPP

Der Schönbrunner Obelisk befindet sich im Ostteil der Parkanlage. Erreichbar über den Eingang „Meidlinger Tor". Geöffnet bis zum Einbruch der Dunkelheit.

Rätselhafte Zeichen

Der alte Federlhof gegen die Bäckerstraße
Nach Wolker's Originale vom Jahre

Im Zeichen des Drachen

Federlhof – 1, Lugeck Nr. 7

In einem der historischen Häuser der Wiener Innenstadt, dem so genannten Federlhof auf dem Lugeck Nr. 7, befindet sich eine Darstellung des geheimnisvollen mittelalterlichen Drachenordens. Dieser Orden wurde von Sigismund von Luxemburg (1368–1437), römisch-deutscher Kaiser und König von Ungarn, vermutlich im Jahr 1408 gegründet. Ein geflügelter Drache mit dreifach verknotetem Schwanz, das Zeichen für den Sieg über das Böse, umschlingt ein Ritterwappen. Die Inschrift darunter in lateinischer Sprache und einige unbekannte Schrift- oder Zahlzeichen geben Rätsel auf. Wer die Chiffrierung knacken will, muss sich die Zeichen sehr genau ansehen, denn leicht übersieht man des Rätsels Lösung.

Der Federlhof

Das Haus hat eine lange Geschichte und beherbergte viele prominente Bewohner. So soll um 1558 die Augsburger Patriziertochter Phillipine Welser, Ehefrau des Landesfürsten von Tirol, Erzherzog Ferdinand II. von Habsburg, hier gewohnt haben. Auch Theophrastus Bombastus von Hohenheim, genannt Paracelsus, logierte auf seinen Wienbesuchen in diesem Haus. 1713/14 soll der deutsche Philosoph und Universalgelehrte Gottfried Wilhelm Leibniz dort Quartier bezogen haben. Wallenstein, Herzog von Friedland und Oberbefehlshaber der kaiserlichen Armee im Deißigjährigen Krieg, ließ sich hier eines seiner berühmten Horoskope erstellen. Und am 14. März 1860 verstarb der Erbauer der Semmeringbahn, Carl Ritter von Ghega, im Federlhof. Im Keller des Hauses soll der Graf von St. Germain, bekannt als „der Mann, der niemals starb", weil er über viele Jahrhunderte immer wieder an den europäischen Fürstenhöfen zu Gast war, seine Wundersalben gemixt und verkauft haben. Sein ewiges Auftauchen wie seine Herkunft sind bis heute ein Rätsel.

Das Gebäude wurde 1494 von Ritter Peter von Edlasberg († 1504), Hoflieferant des ungarischen Königs Matthias Corvinus, erworben und 1495 bis 1497 umgebaut. Es war das erste Renaissancebauwerk der Stadt Wien. Seinen Namen erhielt es von Georg Federl, Besitzer der Herrschaft Tribuswinkel, der das Gebäude 1591 erwarb. Spätere Umbauten ließen nicht

Wer narrt uns mit der Inschrift am Federlhof?

Seltsame Zahlzeichen geben Rätsel auf (oben)
Wer knackt den Code? (rechte Seite)

viel übrig von der prachtvollen Stadtresidenz des edlen Herrn von Edlasberg, jedoch sind noch Reste eines Reliefs, das einst die Fassade zierte, im Eingangsbereich erhalten. Dieses Relief mit seiner lateinischen Inschrift und seinen seltsamen Zeichen ist eine Herausforderung für Stadtspione. Es besteht aus einem halbrunden Medaillon mit dem Wappen der Edlasberger im Zeichen des Drachenordens von 1497 und zwei langen schmalen Balken mit Inschriften.

Merkwürdige Zeichen unter dem Drachen

Die Reliefreste bestehen aus drei großen Steinplatten aus feinkörnigem Leitha-Sandstein. Die oberste mit der Darstellung eines geflügelten Drachen mit dem Wappen des Bauherrn sowie einer lateinischen Jahreszahl. A.D.M.CCCC.L.XXXX.VII. ist unschwer als das Baujahr des Gebäudes, Anno Domini 1497, zu entziffern. Die mittlere Platte trägt dasselbe Wappen sowie die Inschrift *PATERE ET ABSTINE* und *SAPERE AUDE*. Die Inschrift lässt sich als Sinnspruch und weise Lebensregel wie folgt übersetzen: „Dulde und meide! Wage es klug zu sein!" Dieses Motto war der Wahlspruch von Papst Hadrian VI. (1459–1523), einem Holländer auf dem Thron Petri. Er war zwar nur ein Jahr Papst, galt aber als Heiliger und vermittelte in der Feindschaft zwischen den Habsburgern und Frankreich.
Wir nehmen uns den zweiten Teil seines Mottos zu Herzen und versuchen, klug zu sein. Denn unterhalb der Inschrift, links und rechts des Drachen, finden wir unbekannte Zeichen.
Was sollen sie bedeuten? Welches Geheimnis hütet der Drachen?
Zunächst ist man versucht, lateinische Buchstaben darin zu lesen, allerdings in einer seltsam geschriebenen Version. Da diese vier Buchstaben keine Erklärung dafür geben, wofür sie stehen könnten, wird man möglicherweise an Zahlen denken, zumal ja eine römische Eins und das X für zehn stehen könnten. Jeglicher Deutung entziehen sich dann allerdings das links geschriebene Q und das seltsame A ohne Mittelstrich. Nachdem auch dieser Versuch, eine Zahl zu erkennen, fehlschlägt, muss man sich erst einmal in die Wissenschaft der Zahlenschreibweise einlesen. Nach eingehendem Studium wird man belohnt und fündig. Das Geheimnis beginnt sich zu lichten, und nach kurzer Zeit stellt man überrascht fest: Es ist dasselbe Datum wie oben – 1497.

Des Rätsels Lösung

Den Schlüssel zur Dechiffrierung liefert das oben geschlossene X, das als die halbe Acht, also für vier in der Gotik gebräuchlich war. Zwar schrieb man es meist in der runden Version, eben wie eine unten offene Acht, hier tarnt es sich aber als eckige Variante und narrt uns als verkapptes X. Mit etwas Phantasie lässt sich dann das A ohne Mittelstrich als eine vornüber geneigte Sieben erkennen. Die erste Zahl als eins gelesen, ergibt bereits drei entschlüsselte Zahlen: 14Q7. Nun gilt es noch das verkehrte Q als Zahl zu entlarven. Diese Q (mit dem Schrägstrich nach links) erweist sich jedoch als hartnäckig. Weder ist es eine lateinische, noch eine gotische Zahl, sondern taucht als *Qoppa* zuerst im phönizischen, dann im alten griechischen Alphabet auf. Später wurde es als Buchstabe abgeschafft, blieb aber als Zahlwert für 90 erhalten. In der Gotik übernahm man das *Quoppa* ohne Lautwert, aber als Chiffre für die Zahl 90. Somit hätten wir die Nuss geknackt und dem Drachen sein Geheimnis entrissen. Wir haben hier eine Mischung aus gotischen Zahlen und Chiffren, die man mit Recht als einen Code bezeichnen darf. Diese eigenwilligen Abkürzungen und Zeichen verstanden die Menschen der damaligen Zeit, als das Latein zur Umgangssprache der Gebildeten zählte und die Zahlenschreibweise noch nicht der heutigen entsprach.

Nun bleibt uns noch der Text der dritten Tafel zu entziffern. Er lautet im Original:

> *confist in eos quibus beneferimus crebro fallimur*
> *fortunae affluencia benefactorum e vanescit memoria*
> *nihil ortum cuius causa legittima non precesserit*

„Wenn wir denen vertrauen, denen wir Gutes getan haben, werden wir oft enttäuscht. Im Überfluss an Glück entschwindet die Erinnerung an die Wohltäter. Nichts ist entstanden, wofür nicht ein rechtmäßiger Grund vorausgegangen wäre."
Wie wahr. Der edle Ritter von Edlasberg war wohl ein gebildeter und weiser Mann und hat uns Nachgeborenen eine gut verschlüsselte Botschaft hinterlassen.

TIPP

1010, Lugeck 7: Federlhof. Die Inschrift im Eingangsbereich enthält unbekannte, weil heute nicht mehr gebräuchliche Zahlzeichen.

FERDINAN
GERMAN
BOEM ZC
HISP ARC
DVX BVR
ANNO
DVS·ROM
HVNGAR
REX INFA
HI AVSTR
GVND ZC
M D LII

Wer ist gegen uns?
Kritzelschrift am Schweizertor

Von wem stammt die Inschrift am Schweizertor mit den unlesbaren Ziffern und Buchstaben?

Der älteste Teil der Wiener Hofburg, der bereits unter den Babenbergern vor 1246 entstand, ist der so genannte Schweizer Trakt. Er erhielt seinen Namen jedoch erst in der Regierungszeit Maria Theresias, und zwar vom Tor, das von der Schweizergarde bewacht wurde. Kaiser Franz I. Stephan war es nämlich nicht gestattet, die königlichen und erzherzoglichen Garden seiner Gemahlin in Anspruch zu nehmen, daher engagierte er die Schweizergarde, die die Alte Burg bewachte. So bürgerte sich seit dem späten 18. Jahrhundert der Name als Zugang zum ebenfalls so benannten Schweizerhof ein.

Rätselhafte Inschrift am Schweizertor

Das Schweizertor wurde 1552 vermutlich vom italienischen Architekten Pietro Ferrabosco errichtet. Die ehemalige Funktion als Burgtor mit einer Kettenbrücke über dem Burggraben ist noch heute an den Rollen im Mauerwerk erkennbar. Die gewölbte Tordurchfahrt schmücken Deckenfresken, die die Wappen der zum damaligen Österreich gehörenden Gebiete zeigen. Ein Schweizergardist mit Schlüsselbund, erkennbar an der heute noch im Vatikan getragenen Uniform, ist als Torwächter dargestellt. Diese Toranlage gilt als das prächtigste Renaissanceportal Wiens.

Die Inschriften an der Hofburg erzählen ihre jahrhundertealte Geschichte. Jeder Herrscher, der einen Annex errichtete, verewigte sich mit seinem Wahlspruch. Dem Lateinkundigen wird es nicht schwer fallen, diese zu übersetzen. Eine der Inschriften im Schweizertor ist jedoch nicht so leicht zu entschlüsseln. Sie befindet sich am Sockel des inneren Torbogens, in etwa 70 Zentimeter Höhe. Wohl besteht sie aus einem bekannten lateinischen Spruch, einem Einzeiler, darüber hinaus aber auch aus mehreren unlesbaren Zeichen. *Si deius pro nobis quis contra nos 1660* (korrekt wäre deus) steht in Stein geritzt, darüber die rätselhaften Zahlen und Buchstaben. Das Zitat stammt aus dem Brief des Apostels Paulus an die Römer 8,31 und heißt übersetzt: „Wenn Gott für uns ist, wer ist dann gegen uns?“ Wessen Wahlspruch war das? Wer ritzte den Spruch in den Stein? Vor allem aber: Was sollen die unlesbaren Buchstaben oder Zahlen bedeuten?

Angeblich hatte im Jahr 1660 Kaiser Leopold I. persönlich den Wahlspruch Kaiser Maximilians II. (1527–1576) *Si deus pro nobis quis contra nos* im Tor eingemeißelt. Angeblich, denn ganz sicher ist man sich nicht. Es kann sich bei dem Apostelzitat nur um eine Erweiterung des kaiserlichen Wahlspruchs handeln, denn der war eigentlich *Providebit Deus* – „Gott wird schützen“. Auffällig ist die seltsame Kritzelschrift, die so gar keines Kaisers würdig erscheint. Kaiserliche Wahlsprüche ritzte man für gewöhnlich nicht mit krakeliger Schrift in Torpfosten. Meist prangen sie in goldenen Lettern mit Krone und Adler an prominenter Stelle. Ob Kritzelschrift und Jahreszahl wirklich zusammengehören, ist also zweifelhaft. Die ungarische Magnatenfamilie Nádasdy führte den biblischen Wahlspruch ebenfalls in ihrem Wappen. Einer ihrer prominentesten Vertreter war Franz III. Nádasdy, General und oberster Kronrichter Ungarns. Den von Kaiser Leopold I. mit den Türken geschlossenen Waffenstillstand betrachteten die Ungarn als Verrat an ihrem Land und so stellte sich Nádasdy 1666 an die Spitze der so genannten „Magnatenverschwörung“. Diese wurde niedergeschlagen und Nádasdy 1671 im Alten Rathaus in Wien zum Verlust der rechten Hand und des Kopfes verurteilt. Durch kaiserliche Begnadigung durfte er die rechte Hand behalten – den Kopf verlor er trotzdem. Eine Erinnerungstafel ist heute noch im ehemaligen Ratssaal, in dem sich das blutige Ereignis abspielte, zu sehen. Die Darstellung und der Bericht über die Enthauptung unter Beibehaltung der Hand befindet sich im Bezirksmuseum im Alten Rathaus. Ob nun eine Verbindung mit der Inschrift und der Jahreszahl 1660 im Schweizertor hergestellt werden kann, ist mehr als fraglich. Woher die merkwürdigen unbekannten Zeichen stammen, bleibt ebenso ungeklärt. Dieses Rätsel können wir also leider nicht lösen.

Die auffällige Kritzelschrift im Schweizertor (oben und unten); der Orden vom Goldenen Vlies (rechte Seite)

Die Widmungsinschrift von Bernhard Altmann

Der Vollständigkeit halber soll auch die Inschrift auf der gegenüber liegenden Seite des Tores erwähnt werden: *Restaur. in memoriam Caroli Altmann 1949* – „restauriert zum Andenken an Karl Altmann 1949“ steht in den Stein gemeißelt. Als die Nationalsozialisten in Österreich einmarschierten, floh der jüdische Wiener Industrielle Bernhard Altmann (1888–1960) mit seiner Frau ins Ausland. Nach seiner Rückkehr ließ der Textilfabrikant auf seine Kosten das Schweizertor restaurieren und gedachte dabei seines Vaters, der ihm einst die Schönheiten Wiens gezeigt hatte.

Das Goldene Vlies

Neueste Forschungen über die Baugeschichte der Hofburg befassten sich mit dem Zierrat an den Fenstern des Schweizertraktes und brachten erstaunliche Aspekte zu Tage. Jene unscheinbaren Dekorationselemente, von denen man bisher dachte, sie seien nur bedeutungsloser Schmuck, sind in Wirklichkeit imperiale Herrschaftssymbole, Ausdruck von Macht und politisches Programm der Habsburger. Aufmerksame Beobachter können die Verzierungen an den Fenstern der Außen- und der Hoffassade des Schweizerhofes unschwer erkennen. Es ist das bekannte Emblem des Ordens vom Goldenen Vlies, das hier dargestellt wird. In den schmiedeeisernen Fenstergittern des Konferenztraktes ist die Collane mit dem Vlies zu sehen. Warum gerade dieser Orden? Welche Bedeutung hatte er?

Der Name des Ordens hat zwei mythologische Wurzeln. Zum einen gründet er auf dem alttestamentarischen Begnadigungswunder Gideons mit dem betauten Widderfell, zum andern auf die griechische Mythologie, wonach das Goldene Vlies ein Widderfell war, welches der Legende nach von Jason aus Kolchis entführt wurde. Kolchis, eine ägyptische Kolonie im Kaukasus, heute Georgien, war das Land der goldhältigen Flüsse. Die Goldwäscher verwendeten Widderfelle, um den Goldstaub aufzufangen. Eines dieser vom Gold durchdrungenen Felle, erlangte als „goldenes Vlies“ Berühmtheit und wurde zum Symbol für den Goldreichtum, im übertragenen Sinn für die Macht, die sein Besitz verheißt. Der Orden vom Goldenen Vlies gilt bis heute als der vornehmste aller bestehenden Ritterorden und ist eine spätmittelalterliche Gründung vom Burgunder Herzog Philipp dem Guten aus 1430. Die nur männlichen, katholischen und aus dem Hochadel stammenden Mitglieder dieses Ordens sahen sich als Bewahrer und Retter des Christentums.

TIPP

1010, Schweizertor in der Hofburg: Schönstes Renaissanceportal Wiens mit Inschriften und unbekannten Zeichen.
Die Insignien des Ordens vom Goldenen Vlies befinden sich in der Schatzkammer im Schweizerhof. Geöffnet täglich außer Di 09.00–17.30 Uhr.
1010, Wipplingerstraße 6–8: Bezirksmuseum Innere Stadt im Alten Rathaus. Öffnungszeiten: Di, Do 16.00–18.00 Uhr.

Ein göttliches Wortspiel

DIE FRANZISKANERKIRCHE

Eine lateinische Inschrift aus dem Jahr 1604, hoch oben auf dem Dachgiebel der Franziskanerkirche in der Wiener Innenstadt, zählt wohl auf den ersten Blick nicht zu den rätselhaften, kryptischen Zeichen. Trotzdem empfiehlt sich, inne zu halten und genau zu schauen, denn auf den zweiten Blick offenbart sich hier eine faszinierende Variante eines Wortspiels mit nur zwei Worten: EST und NON. Die beiden Worte werden so variantenreich innerhalb eines Symbols arrangiert, dass eine komplexe Aussage daraus resultiert. Wenn die Übersetzung des Textes NON und NON EST selbst für den Nichtlateinkundigen kaum Schwierigkeiten bereiten dürfte, ist es doch spannend herauszufinden, was letztendlich gemeint ist. Ist es oder ist es nicht?

Ist oder nicht ist, das ist hier die Frage

Am Giebel des Kirchendachs steht der heilige Hieronymus (347–420), einer der vier Kirchenväter und Schutzpatron dieser Kirche, und hält das Symbol der göttlichen Dreifaltigkeit in seinen Händen. Ein Dreieck, in dessen Ecken die Buchstaben P, F, D und S S stehen. Die erste Hürde hat man genommen, wenn es einem gelingt, diese als Anfangsbuchstaben von Pater, Filius, Deus und Spiritus Sanctus zu entschlüsseln. Auf den Dreiecksbalken wechseln die erwähnten Worte EST und NON EST ab. Die Inschrift ist nun folgendermaßen zu lesen. Beginnend mit dem zentralen D(eus) für Gott:

D(EUS) EST P(ATER), D(EUS) EST F(ILIUS), D(EUS) EST S(PIRITUS) S(ANCTUS)

„Gott ist der Vater, Gott ist der Sohn, Gott ist der Heilige Geist."

P(ATER) NON EST F(ILIUS), F(ILIUS) NON EST S(PIRITUS) S(ANCTUS), S(PIRITUS) S(ANCTUS) NON EST P(ATER).

„Der Vater ist nicht der Sohn, der Sohn ist nicht der Heilige Geist, der Heilige Geist ist nicht der Vater."

Am Sockel des Inschriftendreiecks ist die Jahreszahl 1604 zu erkennen – ein faszinierendes Wortspiel des Kirchenlehrers Hieronymus mit nur zwei Worten und den Anfangsbuchstaben der drei göttlichen Erscheinungsformen in einer Endlosschleife aufgebaut.

Der heilige Hieronymus mit dem göttlichen Wortspiel auf dem Giebel der Franziskanerkirche

Eine Botschaft von „doctor subtilis"

Hintergründig und daher nur nach eingehendem Studium verständlich ist die Botschaft der modernen Inschrift im kreisrunden Fenster an der Vorderfront. Sie stammt von *doctor subtilis*, dem bedeutendsten Franziskaner Theologen Johannes Duns Scotus (1266–1308), aus dem 13. Jahrhundert und wurde erst im Jahr 2002 angebracht. Auch hier wieder nur vier Worte: *POTUIT, DECUIT, ERGO FECIT. A. D. 2002*
„Er [Gott] vermochte es. Es geziemte sich. Also vollbrachte er es." Im Jahre des Herrn 2002.
Es ist Duns Kurzformel zum Dogma der Unbefleckten Empfängnis Mariae. Auf Grund seiner feinsinnigen Interpretationen der Kirchendogmen nannten die Zeitgenossen den Theologen „doctor subtilis".

Ein Mörderwerkzeug in einer Madonnenfigur: Was hat diese Darstellung zu bedeuten? (rechts)
Nächste Doppelseite: Der Franziskanerplatz

Madonna mit der Axt

Im Kircheninneren findet man eine weitere ungewöhnliche Darstellung, eine prächtig verzierte Madonna mit dem Jesuskind aus 1550 auf dem Hochaltar. Sie steht im Zentrum eines goldenen Strahlenkranzes umgeben von kleinen Wolkenknäueln, darüber der Heilige Geist als Taube. Bei näherer Betrachtung fällt ein Gegenstand auf, der in der Schulter Marias steckt, eine Axt. Was hat es damit auf sich? Wie kommt das Werkzeug dorthin?
Der Legende nach versuchten einst Bilderstürmer die Figur zu zerstören. Mit Beilen und Äxten hieben sie auf die Madonna. Doch so sehr sie sich mühten, es gelang ihnen nicht, der Statue auch nur einen Kratzer zuzufügen. Jedes Mal zerbrach das Werkzeug. Daraufhin holten sie den Stadthenker. Er hieb mit seiner Axt auf die Figur, blieb aber stecken und dort befindet sich das Mörderwerkzeug noch heute. Ermutigt von der Unbesiegbarkeit Marias, nahmen Soldaten die Figur als eine Art Talisman mit in den Feldzug gegen die Türken – und siegten bei Pest in Ungarn. Fortan wurde die Statue als wundertätige „Madonna mit der Axt" verehrt.

TIPP

1010, Franziskanerplatz/Eingang Weihburggasse 19: Franziskanerkirche. Die Inschrift befindet sich auf dem Giebel an der Vorderfront der Kirche. Wundertätige „Madonna mit der Axt" im Hochaltar. Die Kirche besitzt die älteste bespielbare Orgel Wiens aus 1642.

"am Franziskanerplatz"

8

Das Kipferlhaus

1, Grünangergasse Nr. 8

Eines der ältesten Häuser in Wien, das Kipferlhaus (links): Brezel und allerlei Gebäck, das Zunftzeichen der Bäcker seit 600 Jahren (unten)

Unweit des Stephansdoms, in der Grünangergasse 8, glänzt ein historisches Gebäude, das seit Jahrhunderten „Kipferlhaus" genannt wird, nunmehr in neuer Pracht. Das unter Denkmalschutz stehende Haus stammt im Kern aus dem 12. Jahrhundert und ist damit eines der ältesten Häuser Wiens. Seit 1535 war in diesem Haus eine Bäckerei untergebracht, die von jenem Gesellen betrieben wurde, der als Retter Wiens vor den Türken einige Berühmtheit erlangte. Eine bekannte Legende erzählt die Geschichte vom aufmerksamen Bäckersjungen, der im Jahr 1529 die türkischen Mineure, die sich durch den Wiener Untergrund arbeiteten, entdeckte und die Stadtwacht im letzten Moment warnen konnte. Als Dank erhielt er den Meisterbrief und eröffnete eine Backstube in besagtem Kipferlhaus. Im Erdgeschoss befand sich der Verkaufsladen, im Keller die Bäckerei. Die unglaublichen drei Kellergeschosse mit imposanten Gewölbedecken sind bis heute erhalten.

Kipferl, Beugel, Striezel

Der Fassadenschmuck über dem Eingangstor sieht auf den ersten Blick ungewöhnlich aus. Für Wiener ist das Hauszeichen auf dem Kipferlhaus sicher kein Buch mit sieben Siegeln, für Nichteinheimische vermutlich schon. Was ist dort dargestellt?
Es handelt sich um sechs Varianten von typischem Wiener Gebäck. Und zwar Kipferl, Brezel, Beugel, Weckerl, Schusterlaberl und Striezel. Diese Namen für Kleingebäck bedürfen einer näheren Erklärung.

- Das (auch: die) Brezel, ein in sich verflochtener Teigstrang, ist seit dem 14. Jahrhundert das eigentliche Zunftzeichen der Bäcker. Sein Name soll von *bracellum,* Latein für „Ärmchen", hergeleitet sein, weil die Teigenden zwei verschlungenen Armen gleichen. Um ein perfektes Brezel im Sekundentakt zu schlingen, bedarf es einer speziellen Wurftechnik und jahrelanger Übung. Die Brezelherstellung war im Mittelalter an besondere Zeiten gebunden, so wie es heute noch für den Faschingskrapfen und den Osterstriezel üblich ist. Es zählte zu den religiösen Fastenspeisen und wurde vorzugsweise am Palmsonntag gereicht. Als uraltes Symbol, um das sich viele Legenden und Bräuche ranken, ist es nicht nur auf Häusern, sondern auch auf Bildsäulen zu finden.

- Der Striezel aus hellem Weizenmehlteig wurde an den Enden verflochten und damals nicht – wie heute – mit Zucker bestreut.
- Ein Beugel ist ein gebogener Teigstrang. Der Name wird von „beugen" abgeleitet.
- Das Schusterlaberl würde man auf Hochdeutsch ein überdimensioniertes Brötchen mit Kümmel nennen.
- Das Weckerl soll etymologisch von *weggi* für Faustkeil kommen. Es ist die kleine Variante des Weckens, der meist als genormtes, ein Kilogramm schweres Brot verkauft wird. Wenn ein solches Weckerl hart geworden ist, wird die Namensherleitung durchaus verständlich.
- Das Kipferl ist der Legende nach während der Türkenbelagerung von 1529 entstanden. Mit dem halbrunden, in Mondsichelform gebogenen Hefegebäck wollten die Wiener den Feind schmähen. Er sollte sehen, dass sein Staatsemblem, der Halbmond, von ihnen verzehrt und die trockenen Reste den Schweinen vorgeworfen werden. Was aber selbst die Wiener nicht wissen: Das Croissant, die französische Variante aus Hefeblätterteig, kommt aus Wien. Croissant kommt von *croissant (de lune)*, zu Deutsch „zunehmender Mond", also vom türkischen Halbmond, und wurde von Marie Antoinette an den französischen Hof gebracht. Auch das eine Legende? Angeblich wurden Hörnchen bereits um 1000 n. Chr. in den europäischen Klöstern als Ostergebäck gereicht. Sie sollten das Widderhorn darstellen.

Brot war immer das Hauptnahrungsmittel und wurde reichlich verzehrt. Angeblich bis zu ein Kilogramm pro Person und Tag. Dementsprechend wichtig und heilig war das tägliche Brot. Im Mittelalter verzehrte man Roggenbrot, ab dem 14. Jahrhundert kam der Buchweizen dazu. Weizenbrot gab es nur für die Reichen, außer an Feiertagen. Da leistete man sich das oben erwähnte Klein- und Süßgebäck. Die auf dem Hauszeichen dargestellten Backwaren werden heute noch erzeugt und erfreuen sich anhaltender Beliebtheit.

Das Bäckerkreuz – ein Siegeszeichen

Gotische Säule im Hof der Bäckerinnung

Es gibt noch mehr seltsame Zeichen rund um das Bäckergewerbe. Eines davon ist weithin unbekannt, weil gut versteckt im Innenhof der Bäckerinnung im achten Bezirk, Florianigasse 13. Hier steht eine gotische Wegsäule, die 1506 als Votivsäule für einen verstorbenen Bäcker errichtet und später vor das Bäckerhaus in Währing, Ecke Boltzmanngasse, versetzt wurde. Vermutlich nahm es an dieser Wegkreuzung die Stelle eines ehemaligen älteren Bildstocks ein und war in den damaligen Weinbergen oberhalb des Alserbachs eine wichtige Landmarke. Letztendlich fand es seit 1933 seinen Platz im Innenhof der heutigen Bäckerinnung. Ein(e) Brezel ist als Zunftzeichen am Säulenschaft angebracht. Trotz des schlechten Zustands des verwitterten Steins sind die Reliefs und Inschriften noch ganz gut zu erkennen. Was aber trotz genauerer Betrachtung rätselhaft bleibt, ist der so genannte „Raaber Spruch". Angebracht wurde er auf Befehl Kaiser Rudolfs II. und lautet:

Sag Gott dem Herrn dannch daß Raab ist ge chommen in der Christen Handt den 29. Marzii 1598.

Übersetzt heißt es: „Sag Gott dem Herrn Dank, dass Raab ist gekommen in der Christen Hand am 29. März 1598." Was bedeutet dieser Spruch auf dem Bäckerkreuz?

Rudolf II. betrachtete sich als Türkensieger, nachdem er die zuvor von den Osmanen eingenommene Stadt Raab, das ungarische Györ 70 Kilometer östlich von Wien, 1598 zurückerobern konnte. Er befahl, sämtliche Wegsäulen, Marterl und Kreuze des Landes zu renovieren und den Spruch einzugravieren.

Die Erinnerung an die Türkenzeit und den siegreichen Kaiser sollte sich im Gedächtnis der Bevölkerung tief eingraben. Heute ist die Erinnerung daran allerdings bereits so tief verschüttet, dass kaum mehr jemand die Herkunft und Bedeutung des Spruchs kennt.

Rund 400 Jahre später gab sich die Bäckerinnung besonders großzügig und setzte eine Gedenktafel mit folgender Inschrift: 5

Anno 1993 erhielten die Wiener Bäcker diesen gotischen Fensterstein von der Albertinischen Chorfassade des Stephansdomes für eine Spende von 40.000 kg Brot zur Restaurierung des Wiener Wahrzeichens.

Der Raaber Spruch (oben); Gedenktafel: 40.000 Kilo Brot spendeten die Bäcker für die Renovierung des Stephansdoms (unten)

TIPP

1010, Grünangergasse 8: Hauszeichen am Kipferlhaus
1080, Florianigasse 13: Bäckerkreuz im Hof der Bäckerinnung

J
B

Zum Rauhen Stein

1, Rauhensteingasse Nr. 3

Freimaurer Tapis von Adolf Frohner, österreichischer Maler und polarisierender Künstler (links); der Rauhe Stein (unten)

Unauffällig hängt ein Steinwürfel in einer Greifzange über dem Tor der Rauhensteingasse Nr. 3. Ein seltsames Hauszeichen, das seine Herkunft nicht sofort offenbart. Keine Gegensprechanlage, keine Türglocken, nur drei goldene Knäufe weisen dezent auf das kunstvoll geschnitzte Eingangstor. Die versteckten Hinweise erkennen nur Eingeweihte. Einen dazu gibt die im gegenüberliegenden Hausflur eingemietete „Buchhandlung für geheimes Wissen – Zum Rauen Stein". Die Buchhandlung ist für jedermann zugänglich, während sich das Tor unter dem Stein nur für die Mitglieder der „Großloge der alten freien und angenommenen Maurer von Österreich" öffnet. Das Haus befindet sich seit 1984 im Eigentum der Freimaurer-Loge. Im gegenüber liegenden Haus, Rauhensteingasse Nr. 8, verstarb der berühmteste Wiener Freimaurer Wolfgang Amadeus Mozart am 5. Dezember 1791. Die Gasse erhielt ihren Namen nicht vom Steinwürfel der Freimaurerloge, sondern wird bereits 1341 urkundlich mit dieser Bezeichnung erwähnt. Der Ritter Otto Turzo von Rauheneck und Rauhenstein besaß um 1208 hier ein Haus. In der Chronik von 1422 wird auch das Gefängnis „Der rauche Stein" auf Haus Nr. 10 (damals noch zur Himmelpfortgasse gehörend) erwähnt. Seit 1786 wird die gesamte Gasse Rauhensteingasse genannt.

Das Freimaurerhaus

Das seltsame Hauszeichen über dem Eingangstor stellt also kein Zunft- oder Handwerkerzeichen dar, sondern es ist ein Symbol. Nämlich das Zeichen der Freimaurer, die, aus den mittelalterlichen Bauhütten kommend, als so genannte freie Maurer ab 1770 zunächst in England und dann in ganz Europa Logen gründeten. Der Maurer bearbeitet den rauen Stein (sich selbst) und durchläuft dabei drei Stufen: Lehrling, Geselle und Meister. Am Ende seines Lebens wird er zum glatten Stein und damit ein Teil jenes symbolischen Tempels der Menschheit, den die Freimaurer errichten wollen. Die Wiener Großloge – eine reine Männerloge – ist eine so genannte blaue Loge, eine Johannesloge, benannt nach Johannes dem Täufer, dem Schutzpatron der Steinmetze. Das Allerheiligste jeder

Loge ist der Tempel, der dem Salomonischen Tempel nachgebildet ist. Hier wird die so genannte „Tempelarbeit“ geleistet. Das ist die geistige und ethische Vervollkommnung des Adepten, der in drei Stufen zu je elf Graden vom Lehrling über den Gesellen zum Meister aufsteigt.

Opus magnum eines eingeweihten Handwerkers

Das „versiegelte“ Tor

Das Tor kann aufgrund seiner Kunstfertigkeit und Symbolik als das Opus magnum eines eingeweihten Handwerkers bezeichnet werden. Darunter versteht man das Meisterwerk eines Freimaurers der obersten Grade. Das kann eine handwerkliche, musische oder intellektuelle Leistung oder auch die Gründung einer karitativen Organisation sein. In diesem Tor sind die Freimaurersymbole in einer einzigartigen Weise miteinander, eigentlich ineinander, verwoben und stellen ein Siegel, im übertragenen Sinn die Versiegelung der Freimaurerloge, dar. Um alle Symbole zu entschlüsseln, bedarf es einer sehr genauen, fast meditativen Betrachtung. Mit Staunen erkennt man dann, wie vielschichtig dieses Muster ist, und dass jede Figur mehrere Auslegungen zulässt.

Die drei Geheimnisse
Die drei Türknöpfe verweisen auf die drei Geheimnisse der Maurerei, nämlich Geheimzeichen, geheimer Handgriff und Geheimsprache, mit deren Hilfe sich ein Freimaurer einem Bruder zu erkennen gibt. Und auch dreimal muss der Adept am Tor anklopfen, wenn er eingelassen werden will.

Die Strahlen
Das Sonnenstrahlenmuster ist ein altes Fruchtbarkeits- und Wachstumssymbol und auf den Einfahrtstoren vieler Guts- und Bauernhöfe heute noch zu sehen. In diesem Sinne ist es auch hier als Grundmuster zu verstehen. Die dahinter liegende Bedeutung ist jedoch eine andere: Die Freimaurer kennen 33 Einweihungsgrade, wie übrigens auch die Rosenkreuzer und die ägyptischen Mysterienkulte. Die Wiener Loge als Hauptloge Österreichs repräsentiert alle 33 Einweihungsgrade. Wer genau nachzählt, erkennt 32 vom Zentrum ausgehende Strahlen und 8 kleine Zwickel, die in Summe einen ganzen Strahl, also 33 insgesamt ergeben.

Kreuz und Quadrat
Das Kreuz hat in seiner praktischen Erklärung natürlich den Zweck, das schwere Tor zu verankern und die beiden Türblätter zusammenzuhalten. Symbolisch ist der senkrechte Balken das Senkblei und der waagrechte bildet die Basis des Lotdreiecks.
Das auf der Spitze stehende Quadrat ist eine schablonenhafte Darstellung für Zirkel und Winkelmaß, die beiden bekanntesten Freimaurerwerkzeuge. Das Verschränken der Quadrate gehört einerseits zu den Konstruktionsgeheimnissen der Kathedralen-Bauhütten und stellt andererseits die Versiegelung beziehungsweise Verriegelung der Pforte dar.

Tapis mit dem Salomonischen Tempel

Der Salomonische Tempel
Je sieben seitliche Steinquader stehen für die sieben Stufen zum Salomonischen Tempel. Auf diesen beziehen die Freimaurer ihren Gründungsmythos. Die Zahl Sieben und mit ihr die 21 (als dreifache Sieben) gelten als Symbole des Salomonischen Tempels, dessen Allerheiligstes angeblich sieben Meter lang, hoch und breit gewesen sein soll.

Die Säulen
Die beiden Säulen links und rechts des Tores heißen Jachin und Boas. Die linke Säule, Jachin, verkörpert das männlich-aktive Prinzip oder die Sonne, die rechte Säule, Boas, das weiblich-passive Prinzip oder den Mond. Sie sollen gleichzeitig die Grundpfeiler der Humanität darstellen. In diese beiden salomonischen Säulen sei der Überlieferung nach das gesamte Wissen der Menschheit eingraviert worden, um es vor der Sintflut zu retten.
Die Quasten symbolisieren die Knotenschnur, meist mit Lemniskate, dem verschlungenen Knoten, als Symbol der ewigen Verbundenheit der Freimaurer Bruderschaft.
Das Tor ist zwar nicht verschlossen, aber Zutritt haben nur die Mitglieder, die im Tempel ihre humanitäre Arbeit am rauen Stein verrichten.

TIPP

1010, Rauhensteingasse 3: Das Haus ist im Besitz der Freimaurerloge. Über dem Tor der raue Stein als Freimaurerzeichen.

el Pulpo
SPANISCHE SPEZIALITÄTEN
BÜRGERHAUS
Murauer
Soup of the Day
SALAD
MAIN DISH
DESSERT
BREAD & 2 SAUCES

Arabische Verse

1, Griechengasse Nr. 7

Eine ottomanische Inschrift in einem barocken Bürgerhaus der Griechengasse 7 gab lange Zeit nicht nur den Wienern, sondern sogar den arabischen Schriftgelehrten Rätsel auf. Die orientalischen Schriftzeichen befinden sich auf zwei Holzlatten im Hausflur des historischen Wohnhauses.

Was bedeuten die unbekannten Schriftzüge? Wer befestigte die dunklen Holzbretter im Hausflur? Man meint, es wären Beutestücke aus dem letzten Türkenkrieg mit einer Sure aus dem Koran, die vom Zelt Kara Mustafas stammen. Andere halten es für einen türkischen Fluch, den die Osmanen in diesem Haus an der Stadtmauer hinterlassen haben. Keiner konnte die Sätze bisher entziffern. Erst im Jahr 2007 gelang es dem Wiener Orientalisten Arne A. Ambros (1942–2007) den arabischen Vers zu übersetzen. „Mach dich auf zu einem angenehmen Leben und erfreue dich an Genüssen, die von Dauer sind“, soll zumindest auf einem der beiden Holzbretter zu lesen sein. Also doch kein Fluch der besiegten Türken. Ob hier ein Osmane die Wiener Lebensart beschreiben wollte? Was der zweite Spruch bedeutet, weiß man nicht. Dass sie mit der darunter befindlichen Tafel „Damen Frisir Salon separirt“ in Zusammenhang stehen, kann jedenfalls ausgeschlossen werden. Dass dieser Salon einst Mozarts Friseur war, dürfte eine der vielen Legenden um das Musikgenie sein. Wie die Holzbretter in das barocke Bürgerhaus gelangten, bleibt also weiterhin rätselhaft.

Das barocke Wohnhaus in der Griechengasse: Schon Mozart soll hier Haare gelassen haben (links); arabische Verse oder Fluch der besiegten Osmanen?(oben)

Haus zum gelben Adler

Nannte man das barocke Eckhaus wegen seines ehemaligen Hauszeichens. Es steht auf der mittelalterlichen Stadtmauer, die im 11. Jahrhundert errichtet wurde. Sogar ein originaler Stadtmauerturm aus der Gotik ist im Innenhof noch erhalten. Ein Brunnen im Hausflur stammt noch aus der Zeit des Mittelalters.

TIPP

1010, Griechengasse 7: Ottomanische Inschrift im Hausflur, seit 2007 teilweise übersetzt. Der Rest weiterhin unbekannt.

Die Gralsbotschaft

Geheimnisvolle Inschrift in der Achatschale

Die unveräußerliche Achatschale des Hauses Habsburg (links); die mysteriöse Inschrift zeigte sich erstmals am 29. 10. 2009 (unten)

Seit Jahrhunderten wird in der Wiener Schatzkammer eine ganz besondere Achatschale aufbewahrt. Sie ist ein Teil der unveräußerlichen Erbstücke des Hauses Habsburg, die aus dem legendenumwobenen Ainkhürn und eben jener Schale bestehen. Das bedeutet, dass diese Gegenstände von keinem Mitglied der Familie jemals verkauft, verschenkt oder sonst wie veräußert werden dürfen und somit zum ewigen Besitz des Hauses gehören.

Diese Schale ist eine gemmoglyptische Rarität, ein Meisterwerk der antiken Steinschneidekunst mit einem Durchmesser von 58 Zentimetern, aus einem einzigen Achatblock geschnitten, die sage und schreibe zehn Kilogramm wiegt. Die technische Meisterleistung des Steinschneiders ist unvorstellbar, denn obwohl Achat härter ist als Stahl, wirken die Form der Schale und die aus dem Stein herausgeschnittenen Griffe wie aus Wachs geformt. Sie ist die größte aus einem Block Hartstein geschnittene Schale der Welt. Einer geheimnisvollen Inschrift wegen wird sie als Gral bezeichnet. Diese Schrift ist nicht eingraviert oder gemalt, sondern erscheint auf geheimnisvolle Weise in der Maserung des Achats. Der Legende nach zeigt sie sich jedoch nur einem Sonntagskind reinen Herzens alle hundert Jahre einmal.

Die geheimnisvolle Inschrift wurde im 16. Jahrhundert – offenbar von einem Sonntagskind reinen Herzens – entziffert und lautet *F XRISTO XXPP RI*. So wurde es uns zumindest überliefert. Was die Buchstaben bedeuten, bleibt leider rätselhaft. Vielleicht ist es der Name Christi in lateinischen und griechischen Buchstaben: *XRISTO* im Lateinischen und *XXPP* als Verdoppelung des griechische *Chi* und *Rho*, die Anfangsbuchstaben des Namens Christi. Die Buchstaben *RI* könnten als *Rex Iudeorum* gelesen werden. Die 13 Buchstaben der Inschrift weisen möglicherweise auf Christus und die 12 Apostel hin, die eine Schale oder einen Kelch als Trinkgefäß beim letzten Abendmahl verwendeten. Damit sah man mehrfach bestätigt, dass es sich bei der Achatschale um den heiligen Gral handle. Wegen dieser geheimnisvollen Inschrift, der einzigartigen Größe des Steines und seiner meisterhaften Formgebung wurde die „Gralsschale" verehrt und in der Wiener Schatzkammer aufbewahrt.

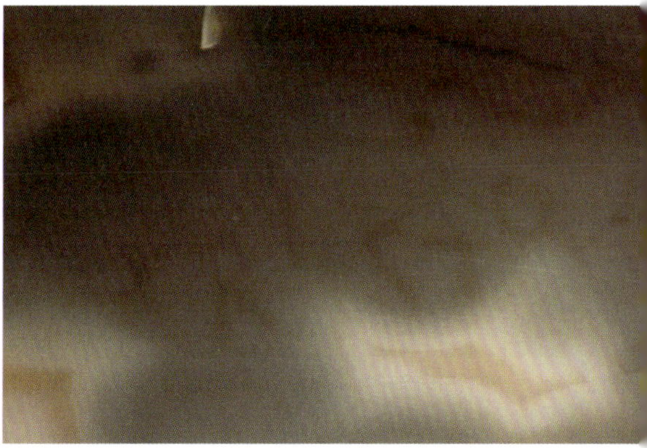

Versuche von Besuchern der Schatzkammer und auch Fachleuten unserer Zeit, die Schrift zu lesen, scheiterten. Fotos,

Nur ein Sonntagskind reinen Herzens kann die Inschrift lesen

Analysen und Expertisen brachten kein überzeugendes Ergebnis, so auch 1953 der Wiener Inschriftenexperten Rudolf Egger. Seiner Meinung nach würden sowohl die Inschrift als auch die meisterliche Verarbeitung der Achatschale auf den Steinschneider verweisen, einen gewissen Flavius Aristo aus Trier aus dem 4. Jahrhundert n. Chr. Diese Lesung ist auf alle Fälle falsch, schreibt der offizielle Schatzkammerführer. Und führt weiter aus: „Ein trockenes Auge, sieht trockene Dinge. Nur ein wunderfähiges Auge kann Wunder sehen."

Wie kam der Gral nach Wien?

Die Herkunft der Achatschale ist ungewiss. Aus Berichten des 18. Jahrhunderts erfahren wir, dass die Schale 1204 bei der Eroberung von Konstantinopel erbeutet wurde und in den Besitz Karls des Kühnen und somit nach Burgund gelangte. Mit dem Burgundererbe der Gemahlin Maximilian I., Maria von Burgund, der Tochter Karls des Kühnen, kam die Achatschale 1477 in den Besitz der Habsburger. Seither gehört sie zum Habsburg-Lothring'schen Hausschatz und ist Teil jener erwähnten „unveräußerlichen Erbstücke des Hauses Habsburg".

Der Gral gibt sein Geheimnis preis

Anlässlich der Präsentation ihres Buches „Geheimnisvoller Da Vinci Code in Wien", in dem über das Geheimnis des Wiener Grals berichtet wird, besuchte die Autorin am 29. Oktober 2009 gemeinsam mit einem Kamerateam des ORF die Wiener Schatzkammer und die geheimnisvolle Achatschale. Während der TV-Aufzeichnung der Legende

um die Inschrift, meldete sich die Mitarbeiterin der Schatzkammer Eva Malik und meinte, sie könne die Inschrift plötzlich ganz klar lesen. Tatsächlich entzifferte sie Buchstabe für Buchstabe vor laufender Kamera. Zum Erstaunen des Kameramanns zeigte sich die Inschrift eindeutig auf dem Monitor und dann auch für alle Anwesenden wahrnehmbar in der Maserung der Achatschale. Die Schrift wurde zwischen den beiden weißen Wolken im oberen rechten Teil der Schale sichtbar. Die Buchstaben, ungefähr drei Zentimeter groß, hoben sich als dunkle Verfärbung von der übrigen Maserung des Steins ab. Es war das erste Mal, dass der Gral – vor laufender Kamera – sein Geheimnis preisgegeben hatte. Ein Wunder, das sich an jenem Abend in der Schatzkammer ereignete.
Die Direktion des Hauses, die Kunsthistoriker wie auch Otto Habsburg bestätigten, dass sie die Inschrift noch nie gesehen hätten und sich das Phänomen noch nie ereignet hätte. An jenem denkwürdigen Abend ging das Wunder im Österreichischen Rundfunk auf Sendung. Seither kann jeder Besucher – wenn er gut genug sieht – die Inschrift mit freiem Auge erkennen und lesen.

Das denkwürdige Datum

Erst Tage später wurden wir uns des auffälligen Datums bewusst. Die Ziffern 29-1-29 weisen, unter Weglassung der Nullen, eine Symmetrie auf. Die Ziffernsumme ergibt 23, eine Zahl, die man als bedeutsam im Zusammenhang mit dem Illuminaten-Orden kennt. Welche Bedeutung im Detail hier innewohnt, ist allerdings bis dato nicht bekannt.
Ebenso rätselhaft bleibt, wie das Monogramm Christi in die Maserung des Achats gekommen ist und was die Inschrift wirklich bedeuten soll. Handelt es sich um eine Schale, die Jesus Christus besaß? Oder ist es jene Achatschale von der beim Letzten Abendmahl berichtet wird? Ist es tatsächlich der heilige Gral?

TIPP

1010, Hofburg: Wiener Schatzkammer. Öffnungszeiten:
täglich außer Di 10.00 bis 18.00 Uhr.
Geheimnisvolle Inschrift in der Maserung des Achats in der Schalenhälfte, die am Rand gebändert ist – die Buchstaben sind etwa drei Zentimeter hoch und beginnen links von der kleinen hellen Achatwolke mit konkaver Einbuchtung und reichen bis zum eckigen, weißen Fleckchen rechts.

VERSCHLÜSSELTE BOTSCHAFTEN

Leonardos Mysterium

Der Da Vinci Code in Wien

Die originalgetreue Kopie des Letzten Abendmahles von Leonardo da Vinci in der Wiener Minoritenkirche

Unter allen Geheimcodes ist wohl der „Da Vinci Code" der bekannteste. Berühmt wurde dieser Begriff im Jahr 2006 durch einen Roman des amerikanischen Schriftstellers Dan Brown. Er verarbeitete darin eine 2000 Jahre alte Geschichte um Jesus und Maria Magdalena und begeisterte damit 88 Millionen Buchleser und vielleicht noch einmal so viele Kinobesucher.

Der Autor behauptet, im Gemälde des „Letzten Abendmahls" von Leonardo Da Vinci (1452–1519) sei eine Botschaft verschlüsselt, die der Künstler ob ihrer Brisanz nur geheim weitergeben konnte. Leonardo habe um das Geheimnis zwischen Jesus und Maria Magdalena gewusst und es der Nachwelt in seinem Meisterwerk durch verschiedene versteckte Hinweise überliefert.

Der Titel der deutschen Übersetzung des Buches hieß „Sakrileg". Das Wort kommt aus dem Lateinischen *sacrum* für heilig und *legere* für stehlen, wegnehmen. Ein Sakrileg bedeutet also das Heilige aus einer Sache oder Person zu nehmen. Zwei Behauptungen stellt Dan Brown auf, die der katholischen Kirche zufolge ein Sakrileg bedeuten:

1. Leonardo habe nicht den Jünger Johannes neben Jesus an der Abendmahltafel gemalt, sondern Maria Magdalena, denn sie sei die Ehefrau Jesu gewesen;
2. nicht der im Bild fehlende Abendmahlskelch, sondern Maria Magdalena sei der wahre Gral, denn sie sei der Kelch, der Jesu Blut aufgenommen habe, sie trüge es unter ihrem Herzen, mit einem Wort: Sie sei schwanger gewesen.

Das Letzte Abendmahl in der Donaumetropole

Seit der Film „Sakrileg" und da Vincis „Abendmahl" zum Top-Thema wurden, ist die Wiener Minoritenkirche eine viel besuchte Sehenswürdigkeit. Dort befindet sich nämlich eine original-getreue Kopie von Leonardos Letztem Abendmahl als Mosaik an einer der Kirchenwände. Wenig bekannt war bisher, dass dieses Mosaik eine Weltsensation ist. Es handelt sich nämlich nicht um irgendeine Kopie des Gemäldes, sondern um die weltweit einzige Kopie nach den Originalmaßen. Diese Wiener Kirche birgt einen Schatz, um den sie viele beneiden. Wieso in Wien? Wie kommt dieses Unikat hierher?

Als Napoleon I. 1805 das Kunstwerk Leonardos in Mailand sah, wollte er es nach Paris mitnehmen. Es war aber als Fresko in den frischen Verputz des Speisesaals im Kloster Santa Maria delle Grazie gemalt und ließ sich nicht mehr abnehmen. Zu schlecht war der Zustand des 1495 bis 1497 entstandenen Werks nach 300 Jahren. Daher erteilte er dem renommierten römischen Künstler Giacomo Raffaelli den Auftrag, das Werk zu kopieren. Und zwar mit den Originalmaßen 9,18 Meter breit und 4,47 Meter hoch und als Mosaik auf Platten affichiert. Als Raffaelli sein Werk beendet hatte, war der Kaiser der Franzosen bereits im Exil auf der Insel Elba und konnte seine Bestellung nicht mehr abholen.

Daraufhin erwarb Kaiser Franz I., der Schwiegervater Napoleons, das Auftragswerk und ließ die 20 Tonnen schweren Mosaikplatten nach Wien transportieren. Zunächst sollten sie im Schloss Belvedere aufgestellt werden. Doch die Platten erwiesen sich als zu groß. Daraufhin schenkte er das Kunstwerk der italienischen Nationalkirche in Wien, den Minoriten. Seither hängt es auf einem eigens dafür angefertigten Podest. Nicht nur, dass es eine originalgetreue Kopie in Größe, Darstellung und Farbe ist, sondern es wurde auch genau so aufgehängt, wie das Original in Mailand. Nämlich mit dem tatsächlichen Lichteinfall durch die Kirchenfenster von links, der sich so mit jenem in Leonardos Original deckt und – Jesus und die Apostel von vorne beleuchtend – den Lichtstrahl auf Jesu Kopf zentriert. Laut dem Wiener Kunsthistoriker Artur Rosenauer halten Da-Vinci-Kenner das Wiener Mosaik für einmalig: Es ist besser erhalten und leuchtender in den Farben als inzwischen das Original.

Jesu Füße nur in Wien

Noch eine Sensation kann das Wiener Mosaik bieten. Und zwar ein Detail, welches auf Leonardos Original nicht mehr zu sehen ist – die Füße von Jesus Christus unter dem Abendmahlstisch. Im Refektorium des Mailänder Klosters Santa Maria delle Grazie wurde genau dort eine Tür eingebaut, wo Jesus seine Füße hatte. Somit ist die 200 Jahre alte Wiener Kopie dem Original näher, als das Original selbst nach all den Veränderungen und Beschädigungen, denen es im Laufe der Zeit ausgesetzt war.

Die verschlüsselte Botschaft

Ob Leonardo – wissentlich oder unwissentlich – geheime oder sogar häretische Inhalte in seinem Werk verarbeitet hat, ist unbekannt. Aufzeichnungen darüber hat er uns nicht hinterlassen. Allerdings schrieb er seine Überlegungen zur Darstellung der Charaktere der Zwölf Apostel und der Abendmahlszene sehr wohl nieder, im so genannten Forster-II-Kodex, heute im Londoner Victoria and Albert Museum. Warum aber der berühmte Abendmahlskelch fehlt, ist wiederum ein

Rätsel. Vier Codes, also verschlüsselte Botschaften, sollen nach Ansicht vieler Forscher in diesem Gemälde versteckt sein:

1. Der vermeintliche Jünger Johannes ist in Wahrheit Maria Magdalena und diese sei der personifizierte Gral, der im Gemälde fehlt.
2. Die Zwölf Apostel symbolisieren die 12 Sternzeichen. Leonardo selbst sei Thaddäus/Stier.
3. Die Brotlaibe auf dem Abendmahlstisch und die Hände der Apostel stellen vermutlich Musiknoten dar, deren Melodie ein Requiem ergibt.
4. Die Zentralperspektive des Bildes fokussiert in der Schläfe Jesu. Darin könnte Leonardo ein Wortspiel versteckt haben.

Vier „Da Vinci Codes“

Der erste Code

Zunächst fällt auf, dass die Apostel heftig gestikulieren und sehr erregt scheinen. Jesus hat ihnen soeben geoffenbart: „Einer von euch wird mich verraten“. Ihre Aufregung ist daher verständlich. Nur einer, der vermeintliche Jünger Johannes neben Christus sitzend, ruht völlig unbeteiligt in sich versunken mit verschränkten Händen. Gerade so als ob ihn diese schwere Anschuldigung nicht betreffen würde. Könnte es sein, dass Leonardo mit dieser Körperhaltung andeuten wollte, dass es sich nicht um einen der Jünger neben Jesus handelt, sondern um seine – außerhalb jedes Verdachts stehende – Ehefrau?

Darüber hinaus vertreten einige Autoren eine noch gewagtere These. Sie meinen, Maria Magdalena sei der wahre Gral. Sie entschlüsseln die erstmals im Frankreich des 12. Jahrhunderts auftauchende Bezeichnung für den Abendmahlskelch „San Gral“ als „Sang réal“, also *sanguis regalis*, zu Deutsch königliches Blut. In diesem Begriff sehen sie einen Hinweis auf das königliche Geblüt Jesu und seiner Nachfahren aus der Verbindung mit der Frau, „die er am meisten liebte“, wie es im Evangelium heißt, mit Maria Magdalena.

Der zweite Code

steckt in den Tierkreiszeichen der Apostel. Leonardo selbst schreibt, dass er die Charaktere nach den Sternzeichen malte. Welcher Apostel welches Sternzeichen repräsentiert, schrieb er allerdings nicht. Daher meint man, in Thaddäus ein Selbstporträt des greisen Künstlers identifizieren zu können, der im April geboren, also im Sternzeichen Stier

Die unterschiedlichen Botschaften des Letzten Abendmahls, Mosaik nach Leonardo Da Vinci (Hervorhebungen von Gabriele Lukacs)

war. Durch Weiterzählen der Sternzeichen fällt die Waage auf Johannes alias Maria Magdalena. Dieses Sternzeichen wird von der Venus beherrscht, dem weiblichen Planeten. Ist es Johannes als Waage oder doch Maria Magdalena als Venus?

Der dritte Code
versteckt sich in den Brotlaiben und in den Händen der Apostel. Diese seien nach einer These des italienischen Musikers und Kunsthistorikers Giovanni Maria Pala Musiknoten. Verbindet man die Noten auf einer gedachten Linie, ergibt sich daraus eine Melodie, ein Requiem, passend zur Stimmung des Letzten Abendmahls.

Der vierte Code
steckt in einem Wortspiel. Leonardo setzte den Bildmittelpunkt in den Kopf Jesu. Jedoch nicht, wie zu erwarten, in die Stirn oder den Scheitel, sondern in die Schläfe. Könnte es sein, dass auch darin eine versteckte Botschaft zu finden ist? Soll hier ein Wortspiel, nämlich der phonetische Gleichklang der beiden Begriffe für Schläfe und Tempel – im Italienischen *tempia* und *tempio* – bildlich dargestellt werden? Steckt eine tiefere Bedeutung dahinter? Und wenn ja welche? Vielleicht hat Leonardo ein Wortspiel verschlüsselt, in dem es nicht um Christi Schläfe geht, sondern Christus als heiliger Tempel gemeint ist? Wenn Jesus der Tempel ist, könnte die neben ihm sitzende Person Maria Magdalena, der Heilige Gral sein?
Der Da Vinci Code besteht eigentlich aus vier versteckten Botschaften im Gemälde. Wien kann sich rühmen, die weltbeste Kopie des Abendmahls zu besitzen, die in Farbe und Ausdruck dem Original am nächsten kommt. In diesem Sinn ist Wien die erste Adresse für Kunsthistoriker wie Mystery-Forscher, die hinter das Geheimnis Leonardos kommen und den Da Vinci Code knacken wollen.

Das Abendmahl-Mosaik in der Wiener Minoritenkirche ist während der Sommerzeit von 08.00 bis 19.00 Uhr, im Winter von 08.00 bis 17.00 Uhr zu besichtigen

Zwölf-Apostelkeller
Stadtheuriger
3

Das Geheimnis des Zwölf-Apostelkellers

1, Sonnenfelsgasse Nr. 3

Nicht nur Leonardos Gemälde des Letzten Abendmahls birgt ein Geheimnis um Jesus und die Zwölf Apostel, sondern – man höre und staune – auch ein Weinkeller der Wiener Altstadt. Es ist der jedem Wiener und wohl auch den meisten Touristen bekannte, ja legendäre Zwölf-Apostelkeller. Künstler, Dichter und Stadtoriginale zechten hier. Generationen von Schülern und Studenten verbrachten ihre „schulfreien" Tage in seinen Tiefen, machten die erste Bekanntschaft mit Ribiselwein und kehrten später als wohlbestallte Bürger immer wieder ein in diesem vermutlich ältesten Weinkeller Wiens.

Das bereits im 14. Jh. urkundlich erwähnte Haus (links): In drei Stockwerken Tiefe liegt der Grundstein des Hildebrandthauses aus 1561 (unten)

Den Namen erhielt der Keller von jenen Besitzern, die etliche Jahre nach dem Zweiten Weltkrieg den Weinkeller eröffneten. Ursprünglich hatte man vor, ihn Thomas- oder Petruskeller zu nennen. Da es Weinkeller dieses Namens aber bereits gab, überlegte man andere Apostelnamen, konnte sich aber nicht einigen und so beschlossen die Eigentümer gleich alle Zwölf Apostel als Namensgeber des Weinkellers einzusetzen.

Das Haus wurde bereits 1339 urkundlich erwähnt. Das Mauerwerk des Kellers stammt sogar aus den Jahren um 1100. Drei Stock tief geht es in den Untergrund. 18 Meter unter der Erde trifft man auf romanische und gotische Steinmauern einer Brunnenstube. Der oberste Keller stammt aus der Zeit vor 1500. Das mittelalterliche Haus wurde durch Feuer zerstört und 1561 wieder aufgebaut. Im Keller kündet der Grundstein mit der eingemeißelten Jahreszahl vom hohen Alter des Gebäudes. In den Zeiten der Türkenbelagerungen sowie während der Weltkriege dienten diese Keller als Zufluchtsorte. Der gotische Brunnen ist bis heute erhalten und versorgte die Bevölkerung bis nach dem Zweiten Weltkrieg mit Trinkwasser. Die reich verzierte Fassade wurde vom berühmten Barockbaumeister Lucas von Hildebrandt 1716 bis 1721 gestaltet, weshalb das Haus auch Hildebrandthaus genannt wird. Aus dieser Zeit stammt auch die wundertätige Mariazeller Madonna. Über diese Figur und ihr Chronogramm wird an anderer Stelle des Buches berichtet. Dieser uralte, historische Weinkeller birgt ein wohlgehütetes Geheimnis.

Wo sind die drei fehlenden Tafeln?

Wer sind die 15 Apostel?

Eine der Trinkstuben wurde von den Vorbesitzern des Kellers in den 1960er Jahren als Apostelstube eingerichtet. Die alteingesessene und bis heute bestehende Wiener Tischlerei Hoffmann fertigte die Einrichtung und die handgeschnitzten Apostelfiguren. Auf einer Holztafel sind die Namen der Zwölf Apostel verzeichnet. Allerdings fällt auf, dass zusätzlich drei Namenschilder leer gelassen wurden. Unwillkürlich fragt man sich, welche Namen hier fehlen und ob sie jemals angeführt waren. Oder ob etwa eine verschlüsselte Botschaft auf diesem Wege transportiert werden sollte?

Die genaue Antwort kann heute niemand mehr geben. Von den Nachkommen der einstigen Besitzer erfährt man jedoch, dass ihre Großeltern Anhänger einer Lehre gewesen seien, die mehr als Zwölf Apostel, nämlich 15, als Jünger Jesu beim letzten Abendmahl anerkennt. Diese Lehre entspricht jedoch nicht der offiziellen katholischen Version und so mussten sie die Namen der nicht anerkannten Jünger weglassen oder auslöschen. Ob Maria Magdalena darunter war, weiß man nicht mehr so genau. Gemunkelt wird es zumindest. Leser des Bestseller Autors Dan Brown finden hier sicher weitere Beweise für den „Da Vinci Code". Unter den Namen der Apostel sind nämlich einige seltsame und – zumindest der Autorin – unbekannte Details ihrer Vita angeführt. *In vino veritas*, im Wein liegt die Wahrheit, heißt es. Ob die Wahrheit über die Apostel wohl in diesem Weinkeller zu finden ist?

Ein gut getarntes Versteck

Die Kellergeschosse bieten den Besuchern nicht nur ein wohlgehütetes Geheimnis um die Zwölf Apostel, sondern noch mehr Verborgenes, getarnt unter gemütlicher Heurigenatmosphäre. Hinter einem losen Ziegel im uralten Gemäuer tut sich ein Hohlraum auf, ein Versteck für Mitteilungen, Sprüche, Briefe. Wer sind die Absender, wer die Empfänger dieser Botschaften? Wer legte das Versteck an?

Nichts ist darüber bekannt, nichts in der Hauschronik überliefert. Das Geheimfach wird offenbar seit vielen Jahren benutzt, vielleicht darf man auch Jahrzehnte oder gar Jahrhunderte vermuten? Diese Mauernische ist gut getarnt und so wollen wir sie auch belassen. Ihr Standort soll nicht verraten werden.

Vielleicht gibt es noch mehr Geheimnisse im Zwölf-Apostelkeller. Die Geschäftsführer, Walter Bienek und Heinz Reiter, vermuten nämlich noch unbekannte Geschosse unter ihrem Keller. Eine Steintreppe im Nebenhaus endet unter einem vermauerten Durchgang zum Zwölf-Apostelkeller. Wer weiß, was sich dahinter verbirgt? Vielleicht gibt es eines Tages die Möglichkeit in unbekannte Tiefen vorzudringen.
Ein Geheimtipp ist der Zwölf-Apostelkeller allemal. Und sei es nur für seine Küche, die noch das richtige Wiener Schnitzel, nämlich jenes vom Kalb, serviert. Weinliebhaber werden auch die edlen Tropfen zu schätzen wissen.

Das Versteck soll nicht verraten werden (oben)
Nächste Doppelseite: Der gastliche Zwölf-Apostelkeller

TIPP

1010, Sonnenfelsgasse 3: Zwölf-Apostelkeller, Heurigenrestaurant mit Musik.
Öffnungszeiten: täglich 11.00–24.00 Uhr

25 Jahre

Die Sieben im Leben Prinz Eugens

Schloss Belvedere

Schloss Belvedere, das Gartenpalais des Prinzen Eugen von Savoyen, ist eines der Highlights jedes Wienbesuches. Es zählt zu den schönsten Barockschlössern und wird von Tausenden Besuchern bewundert und fotografiert. Wegen der grandiosen Aussicht über die Stadt bis hin zu den Karpaten wurde es – allerdings erst von Maria Theresia – Belvedere, italienisch für „schöne Aussicht", genannt. Was die Besucher am meisten fasziniert, sind die Sphingen aus weißem Marmor, die entlang der Parkwege und vor dem Schloss so auffällig posieren und mit ihren entblößten Brüsten für originelle Motive auf Erinnerungsfotos sorgen. Vor den ägyptischen Tempeln sollen die Sphingen das geheime Wissen bewahren und darüber wachen, dass es nicht an Unwürdige weitergegeben wird. Demselben Zweck dienen vermutlich die Mischwesen aus Löwen und Jungfrauen im Belvederegarten. Denn was nur den Eingeweihten unter den Besuchern auffällt, sind die vielen anderen Bezüge zur griechischen Mythologie und die Botschaft, die Prinz Eugen damit aussenden wollte.

Die Sphinx – Bewahrerin des geheimen Wissens (links); Godfrey Kneller: Eugen von Savoyen, 1712 (unten)

Prinz Eugen, der edle Ritter

Der Prinz aus dem Hause Savoyen sprach Zeit seines Lebens nicht deutsch, sondern seiner Herkunft wegen französisch und italienisch. Geboren wurde er 1663 in Paris. Seine Mutter war Olympia Mancini, sein Vater Eugen Moritz von Savoyen-Carignan. Als ihm der französische Kriegsdienst verweigert wurde, kam er fast 20-jährig nach Wien, wo er in die kaiserliche Armee eintrat und bis zu seinem Lebensende unter drei Habsburger Herrschern diente. Er starb 73-jährig im Jahr 1736 in Wien. Sein Verdienst, das ihn zum größten Feldherrn seiner Zeit machte, waren die Siege über das Osmanische Heer. Berühmt machte ihn jener Sieg des 12. September 1683 über die Türken in Wien. Der Prinz blieb unverheiratet und widmete sich – wenn er nicht gerade auf dem Schlachtfeld war – dem Ausbau seiner Schlösser in Wien und im Marchfeld.

Die allegorische „Zeittreppe"

Hans Aurenhammer, ein fundierter Kenner des Belvedere, bezeichnete in seinem großformatigen Bildband die beiden Monumental-Treppen im Schlosspark als „Zeittreppen", wohl wegen des Putto- und Vasendekors auf den Balustraden, welche die Monate und Jahreszeiten darstellen. Das Treppenmuster der verschlungenen Kreise und Quadrate erinnert ihn außerdem an den Kaiserpalast in Peking, wo diese Sinnbilder im „Himmelstempel" zu finden sind. Was bedeuten diese Symbole? Woher kommen sie? Was wollte Prinz Eugen damit ausdrücken? Hinter den Vasen, Putti und Mustern dieser Treppenanlage steckt sicherlich mehr als nur Dekor, mehr als nur künstlerische Darstellung der Jahreszeiten. Alles ist symbolisch und allegorisch zu verstehen. Uralte Symbole repräsentieren die universelle Weisheit aller Völker. Nicht nur in China, auch in Europa finden wir diese Zeichen in der Architektur, den Gartenanlagen und den Kunstgegenständen seit der Renaissance und dann besonders im Barock vor. Verknüpft mit der mittelalterlichen Zahlenmystik und der griechisch-römischen Mythologie repräsentiert das Belvedere die Weltsicht seines Bauherrn.
Ein Stich von Salomon Kleiner, Zeichner fast aller Wiener Barockschlösser, zeigt eine der beiden Treppen – es ist die rechte – bis ins kleinste Detail. Jede akribisch gemalte Einzelheit hat eine bestimmte Aussage, nichts ist zufällig, sondern wurde mit Absicht so dargestellt.

1. Das geometrische Muster der Mittelrampe besteht aus miteinander verbundenen Quadraten und Kreisen. Sie symbolisieren die kosmische Harmonie. Das Quadrat steht für die Welt mit ihren vier Himmelsrichtungen, der Kreis für das Göttliche, den Himmel, der keinen Anfang und kein Ende hat. In Zahlen ausgedrückt ist Gott die Eins, die Welt die Vier.
2. Zwei Mal sechs Putti (aus dem Italienischen *putto* für kleiner Knabe) sitzen auf den Treppenbalustraden. Sie verkörpern die 12 Monate des Jahres. Die Monatsnamen stehen unter jedes Knäblein geschrieben.
3. Je vier Vasen stellen die vier Jahreszeiten dar und sind mit Frühling, Sommer, Herbst und Winter beschriftet.

Wie geht es nun weiter mit der „Zeittreppe"? Sollten da nicht 30 oder 31 Stufen für die Tage des Monats sein? Überraschenderweise sind es aber je 35 Stufen links und rechts also insgesamt 70 auf jeder der beiden Treppen, macht in Summe 140. Logisch wäre die Fortsetzung mit 30 beziehungsweise 31 Stufen für die Tage des Monats. Dann wäre die Treppe nur eine Kalenderallegorie. So einfach ist es aber nicht. Wir müssen nun vom logischen zum magischen Denken wechseln. 35 ist ein Vielfaches von sieben und fällt somit in die symbolische Darstellung von Zeitabläufen. Es geht hier also nicht um die Zeit in ihrer Quantität, als Aufzählung von Tagen, Monaten und Jahren, sondern um ihre Qualität, ihre Eigenschaft als Lebensrhythmus. In diesem Sinne muss man die allegorische Zeittreppe interpretieren: Die Vier steht für irdisches Leben im Jahresablauf der 12 Monate plus vier Jahreszeiten und führt über 70 Stufen oder zehn mal sieben Lebensjahren zur himmlischen Sphäre, dargestellt durch die Vereinigung von Kreis und Quadrat.

Die magische Sieben

Sieben ist die magische Zahl für Zeitabläufe. Auch wir verwenden bei der Einteilung unserer Lebensphasen den siebenjährigen Rhythmus (im 7. Lebensjahr erfolgt der Schuleintritt, mit 14 beginnt die Pubertät, ehemals mit 21 die Großjährigkeit usw.). Alle sieben Jahre vollenden wir einen Lebensabschnitt. Prinz Eugens Biografie ist voll von siebenjährigen Zyklen, sowohl bei seinen Heldentaten als auch bei seiner Bautätigkeit. Der Architekt Lukas von Hildebrandt war 14 Jahre lang von 1714 bis 1728 für den Prinzen tätig und schuf mit dem Bau des Belvedere sein Hauptwerk. Von 1714 bis 1716 entstand das Untere Belvedere. Danach begannen die Bauarbeiten für das bereits gleichzeitig geplante Obere Belvedere. 1721/22 (nach Rizzi), also nach insgesamt siebenjähriger Bauzeit, gilt das Belvedere als vollendet. Ob die auffälligen Zahlenparallelen auf Zufall beruhen oder auf bewusster Planung, lässt sich auf Grund des Verlustes des Bauarchivs des Prinzen

Stich von Salomon Kleiner: Prospect der Frey-Treppen, zwischen welchen eine Auffahrt vor Wägen angebracht worden, Radierung, 1737

leider nicht mehr im Detail nachvollziehen.
Auf Planung beruht mit Sicherheit die Gestaltung der Treppenanlage des Parks. Die 70 Stufen der beiden Treppen stehen für die zehn jeweils siebenjährigen Lebensabschnitte des Menschen. Prinz Eugen wurde 73 Jahre alt, hat also die zehn Lebensabschnitte vollendet. Auf der siebenten Stufe der Treppe im Bild steht ein Mensch. Eigentlich tritt er von der sechsten auf die siebente und vollendet symbolisch einen Lebensabschnitt. Fünf mal sieben Stufen braucht er, bis er oben angelangt ist, beziehungsweise mit der zweiten Treppe braucht er insgesamt zehn mal sieben, also 70 Stufen zur Vollendung. Die Sieben und die fünf mal sieben finden wir auch in der Architektur der beiden Schlösser und sogar in der Menagerie. Das Untere Belvedere ist mit 35 Fenstern, aus einem siebenachsigen Mittelrisalit gestaltet. Das Obere Belvedere ist ein siebenteiliger langgestreckter Bau mit sieben Dächern. Die Menagerie umfasste sieben Abteilungen.

Die goldene Mitte

Im Zentrum der Schloss- und Parkanlage befindet sich der Kaskadenbrunnen, der über fünf Stufen in einen Wasserfall mündet. Für die Mitte steht die Fünf, die Zahl zwischen eins und zehn. Symbolisch steht sie auch für den Menschen, der aus den vier Elementen der Erde geboren, die fünfte Essenz, die *Quinta Essentia*, darstellt. Bemerkenswert ist in diesem Zusammenhang das Datum der Unterzeichnung des österreichischen Staatsvertrages am 15.5.55 im Marmorsaal des Schlosses. Die immerwährende Neutralität wurde von fünf Staatsmännern unterzeichnet, den Außenministern der vier Siegermächte und dem österreichischen Außenminister Leopold Figl.

Der Parnass des Apollo

Nach all diesen Zahlenparallelen wollen wir nun auch noch den Belvedere-Berg genauer untersuchen. Dieser natürliche Hügel mit 204 Meter Höhe eignete sich hervorragend, um ein repräsentatives

Gartenschloss zu errichten. Der Blick schweift weit über die Stadt bis zum Kahlenberg, wo Prinz Eugen das Entsatzheer in der Schlacht von 1683 anführte. Sicher war diese Lage ausschlaggebend für die Wahl des Standortes. Aber könnte nicht mehr noch als der Blick auf den Berg seines Triumphes, auch der Berg seiner mythologischen Identifikationsfigur eine Rolle gespielt haben? Der Parnass als Wohnort des Apollo im antiken Griechenland?

Apollo und Diana im Belvederegarten

Die gesamte Schlossanlage auf dem Hügel mit den Sphingen und Apollostatuen entlang der Parkalleen spiegelt die griechisch-römische Mythologie. Prinz Eugen sah sich als Teil davon, er war Apollo, der aus den Niederungen der Welt zum Sitz der Götter emporsteigt. Im Marmorsaal des Unteren Belvedere wird die so genannte „Apotheose des Apoll", die Vergöttlichung, mit dem Konterfei des Prinzen dargestellt. Der Sonnengott Apoll war einer der zwölf Olympier der von Zeus beherrschten Göttersippe. Sie sind die Hauptgottheiten und entsprechen den zwölf Monaten des Jahres sowie den zwölf Tierkreiszeichen. Apollos Wohnort im antiken Griechenland war der 2.457 Meter hohe Parnass. Erstaunlich ist die Tatsache, dass der 204 Meter hohe Belvedere-Berg, addiert mit der Höhe des Schlosses, exakt ein Zwölftel der Höhe des griechischen Parnass entspricht. Verglich Prinz Eugen seinen Wiener Wohnsitz mit jenem des Apollo im mythologischen Götterhimmel? Wählte und gestaltete er daher den Ort seiner Gartenresidenz nach mythologischen Gesichtspunkten? Die Botschaft ist gut verschlüsselt und nur für den Eingeweihten zu lesen. Sie ist in der Architektur und im Park verborgen, in Treppen, Statuen, Brunnen und vielleicht im geheimnisvollen Belvedere-Hügel selbst.

TIPP

1030, Prinz-Eugen-Straße 27: Schloss Belvedere. Öffnungszeiten: täglich bis Einbruch der Dunkelheit.
Öffnungszeiten Gemäldegalerie: täglich 10.00–18.00 Uhr.

Die Seen des Himmels

Eine Parallelwelt auf dem Kahlenberg

Der Kahlenberg, beliebtester Hausberg und traditionelles Sonntags-Ausflugsziel der Wiener, bietet von seiner Aussichtsterrasse auf 484 Meter Höhe einen grandiosen Blick auf die Stadt und bis zu den Alpen und Karpaten. Seine wechselvolle Geschichte wird hauptsächlich mit der Türkenbelagerung von 1683 verknüpft. In breiter Front vom Kahlengebirge stürzte sich das „Entsatzheer" unter der Führung des Polenkönigs Jan Sobieski auf die angreifenden Osmanen und befreite Wien von der verhängnisvollen Umklammerung. Dieser Berg ist aber nicht nur historisch von Bedeutung für die Stadt, sondern auch geomantisch. Über das Kahlengebirge fließt die so genannte Drachenkraft, eine Erdenergie, die in hohem Maß kraftspendend wirkt. Kein Wunder, dass dieser Ort immer schon Vergnügungsetablissements beherbergte. Explosiv erlebt wird die geballte Kraft in der Sylvesternacht, wenn hunderte Besucher den Jahreswechsel mit einem Feuerwerk an Raketen, Böllern und Sekt bis in den frühen Morgen feiern.

Die polnische Kirche auf dem Kahlenberg (links); die Blume des Lebens im Boden der Aussichtsterrasse (unten)

Die Blume des Lebens

Überquert man die Aussichtsterrasse, fällt eine im Boden eingelassene, circa 60 mal 60 cm große Metallplatte mit geometrischen Mustern und seltsamen Zeichen auf. Was bedeuten diese Symbole und wer hat die Platte dort angebracht?

Es ist die so genannte „Blume des Lebens", ein geometrisches Muster bestehend aus 19 einander überlappenden Kreisen. Ein uraltes Symbol der Heiligen Geometrie, das in allen Kulturkreisen im spirituellen Bereich verwendet wird. Es ist das Symbol für kosmische Ordnung und Harmonie. In den Ecken der Metallplatte sind vier so genannte „Triskeles" eingraviert. Diese Zeichen im Boden der Terrasse bündeln die Drachenkraft vom Kahlenberg und harmonisieren die Erdenergien. Spürbar ist es von allen, die den Platz seit dem Umbau wieder zahlreich besuchen. Das heutige Ensemble aus Hotel, Restaurant und Aussichtsterrasse wurde erst 2005 neu errichtet. Der Bauherr gab eine geomantische Studie in Auftrag, die von der Autorin in Zusammenarbeit mit dem Architekten-Geomanten-Team Lutz Lehmann und Wolfgang A. Tiller erstellt wurde

und energielenkende Maßnahmen durch punktuelle Symbolsetzung vorschlug. Nun dominiert die Kirche wieder das Kraftfeld auf dem Gipfelplateau und die Erdenergien können ungehindert in alle Richtungen fließen.

Die Seen des Himmels

Im Unterholz eines Gartengrundstücks neben der Kirche steht versteckt ein Steinpodest, darauf eine Bronzetafel. Auf den ersten Blick meint man, eine Gedenk- oder touristische Informationstafel vor sich zu haben. Beim Versuch, den Inhalt des Geschriebenen zu verstehen, stößt man allerdings auf Schwierigkeiten. Die Tafel enthält nämlich eine merkwürdige Botschaft mit einem völlig konfusen Text, betitelt mit: „Die Seen des Himmels". Die Inschrift ist deutsch, aber unter Verwendung von unbekannten Ausdrücken, Namen und Bezeichnungen. Mit einem Wort: eine erfundene Sprache mit seltsamem Inhalt.
Die Sätze scheinen auf den ersten Blick logisch, doch die Groß- und Kleinschreibung, die Druck- und Lateinschrift und sogar lateinische und kyrillische Lettern werden vermischt. Obendrein suggeriert eine Übersetzung in dieselbe Phantasie-Englisch-Mischsprache, dass hier eine Tourismusinformation angeboten wird. Jedoch nichts davon ist bei näherer Betrachtung wahr. Vielmehr handelt es sich um eine erfundene Geschichte aus der Zeit vor der geologischen Entstehung des Kahlengebirges. So sei hier zu Zeiten, als noch das Urmeer vorherrschte, der Himmel unten und das Land oben gewesen. Delfinartige Geschöpfe seien mit durchsichtigen Luftschiffen aus Wasser von See zu See gereist. Alte Pfade hätten sie auf ihrem Weg über den Himmel geleitet. Und so lebten sie glücklich und zufrieden in diesem Land. Und wenn sie nicht gestorben sind, dann leben sie noch heute – so enden Märchen wohl für gewöhnlich.

Die seltsame Botschaft über die Entstehung des Kahlengebirges (unten); Aussichtsterrasse Kahlenberg mit traumhaftem Blick auf Wien (rechte Seite)

Gewöhnlich ist in diesem Märchen aber nichts, denn höchst ungewöhnlich sind der Inhalt sowie Sinn und Zweck der Botschaft. Von wem stammt die Tafel? Was soll die Botschaft aussagen?
Der Urheber derselben scheint durch einen Hinweis auf seine Internetseite am Ende des Textes auf. Es ist Demetrios Eames, Enkel des

berühmten Designerduos Charles & Ray Eames. Er bereist als Künstler die Welt und hinterlässt seine Spuren in Form von seltsamen Texten auf Steinplatten. Der amerikanische Texter, Filmemacher und Designer erzählt in seinen Arbeiten über Parallelwelten, über ein alternatives Universum mit völlig anderen physikalischen Gesetzen und möchte damit unsere Phantasie anregen. Er bringt seine Installationen überall dort an, wo man ihn lässt. Derzeit auf 65 Bronzetafeln in elf Ländern, darunter auch Österreich.
So begab er sich also auch auf den Wiener Aussichtsberg und dürfte vom Grundstückseigner neben der Kirche die Erlaubnis zum Aufstellen eines seiner poetischen Kunstwerke erhalten haben. Dort erzählt uns der begnadete Geschichtenerfinder und selbst ernannte „Sonderbotschafter für Parallelwelten“ die verborgene Botschaft vom Kahlenberg.
Si non è vero è ben trovato – und wenn sie auch nicht wahr ist, so ist sie doch gut erfunden.

TIPP

1190, Kahlenberg: Bronzetafel mit einer Phantasiegeschichte über die Entstehung des Kahlengebirges im Gartengrundstück neben der Kirche. Metallplatte mit der „Blume des Lebens“ und „Triskeles“ im Boden der Aussichtsterrasse.

ZUM HAYDN
JOSEF HAYDN's
Wohnhaus
No.
19

„Nicht ganz werde ich sterben“

Joseph Haydn, das kopflose Genie

Einer der drei Vertreter der Wiener Klassik, Joseph Haydn, geboren 1732 im niederösterreichischen Rohrau, schuf in 77 Lebensjahren unzählige Singspiele, Opern und Sinfonien, doppelt so viele wie Mozart und Beethoven zusammen. Als Kapellmeister des Fürsten Esterházy war er gezwungen viel zu reisen, doch selbst nach seinem Tod konnte er 145 Jahre lang nicht zur letzten Ruhe kommen wurde er doch immer wieder exhumiert und wieder beerdigt, bis er letztendlich erst im Jahr 1954 im Mausoleum in Eisenstadt die letzte Ruhe fand.

Haydns Wohnhaus, heute Wien 6, Haydngasse 19 (linke Seite); das Musikgenie als Opfer der Sammelleidenschaft der Gall-Jünger (Ölgemeälde von Thomas Hardy, 1791, links)

Das Mysterium um Haydns Schädel

Joseph Haydn starb am 31. Mai 1809 in der Kleinen Steingasse in Wien Gumpendorf – heute Haydngasse Nr. 19. Es waren unruhige Zeiten damals in Wien, Napoleon hatte die Stadt erobert und besetzt. Zwar ließ der Kaiser der Franzosen in Verehrung des großen Meisters eine Wache vor dessen Haus postieren, doch Haydns Begräbnis fand aufgrund des Kriegszustandes nicht in gebührendem Rahmen statt. In Anwesenheit von nur fünfzehn Trauergästen wurde er am Hundsturmer Friedhof, heute Haydn-Park, zu Grabe getragen.

Anlässlich des fünften Todestages im Jahr 1814 stiftete ein Schüler Haydns einen Grabstein und eine Gedenktafel für den verehrten Meister. Drei kryptische Worte *Non omnis moriar* stehen darauf und werden als „nicht ganz werde ich sterben“ übersetzt.

Als im Jahr 1820 die Familie Esterházy entschied, endlich ein würdiges Grab für Haydn zu errichten und den Leichnam nach Eisenstadt überführen zu lassen, stellte man entsetzt fest, dass der Schädel fehlte. Haydns Kopf war nur wenige Tage nach seinem Tod gestohlen worden – von einem Bewunderer des Verstorbenen, der Anhänger der Gall'schen Schädellehre war. Diese besagt, dass von der Schädelform Rückschlüsse auf die geistigen Fähigkeiten eines Menschen gezogen werden können. Man meinte also, Haydns Genie an seinem Schädel studieren zu können. Die Sammelleidenschaft der Gall-Jünger soll um 1800 so ausgeprägt gewesen sein, dass sich die Wiener vor einem

Schädeldiebstahl fürchteten. Nach vielen Irrungen und Wirrungen und einer krimireifen Story fand der Schädel erst 1954 seine letzte Ruhestätte in der Bergkirche von Eisenstadt zusammen mit den übrigen Gebeinen Haydns. So musste Haydn 145 Jahre auf seinen Kopf warten, fast doppelt so lange wie er mit demselben gelebt hatte.

Eine kryptische Botschaft

Haydns Originalgrabstein ist erhalten. Die etwas sonderbare lateinische Inschrift lautet:

HAYDN NATUS MDCCXXXII
OBIIT MDCCCIX.
CAN.ENIGM.QUINQUE.VOC.

NON OMNIS MO-RI-AR
D.D.D.
DISCIP.EIUS NEYKOMM VINDOB.REDUX.
MDCCCXIV

In der Übersetzung bedeutet das: „Haydn, geboren 1732, gestorben 1809. Fünfstimmiger Rätselkanon. Nicht ganz werde ich sterben. Gewidmet von seinem Schüler Neukomm, nach Wien zurückgekehrt, 1814." Diese Inschrift am Grabstein und Musiknoten in Form eines Kanons geben bis heute Rätsel auf. Wer war der Urheber dieses Rätselkanons? Welche Bedeutung steckt hinter den drei lateinischen Worten?

Haydn-Grabstein auf dem ehemaligen Hundsturmer Friedhof (rechte Seite) mit dem Rätselkanon (Detail, oben)

Der Stifter des Haydngrabsteins mit der zweideutigen Inschrift war Sigismund von Neukomm (*1778 in Salzburg † 1858 in Paris), ein Schüler Haydns, Orgelvirtuose, Komponist, Dirigent, Wissenschaftler und Diplomat. Er ist heute nahezu vergessen, kaum jemand kennt diesen Österreicher, der am Hof der Habsburger Prinzessin Leopoldine und Dom Pedros von Brasilien aus- und einging. Nur der Neukommweg in Wien Hietzing erinnert noch an ihn.

Das Originalzitat *non omnis moriar* stammt vom römischen Dichter Horaz (65–8 v. Chr.) und bedeutet frei übersetzt: „Ich werde nie ganz sterben, denn mein Ruhm wird den Tod überdauern." In diesem Sinn muss man sicher auch die Widmung Neukomms für seinen verehrten Lehrer auf dem Grab verstehen.

Im Hinblick auf die mysteriösen Umstände um das Verschwinden des Schädels und den Krimi um die Wiederauffindung und letztendliche Beisetzung im Jahr 1954 kann jedoch auch eine andere Bedeutung des Spruchs nicht ganz ausgeschlossen werden. „Nicht ganz werde ich sterben" könnte auch die Bedeutung von als nicht ganzes Skelett, also kopflos, werde ich im Grabe ruhen. Aber woher sollte Neukomm über

diese Tatsache, die sich ja erst 1820 herausstellte, gewusst haben? War er beteiligt am Schädelraub oder zumindest Mitwisser?
Neukomm war ein universal gebildeter Mann, sprach fließend sieben Sprachen, lebte in Rio und Paris und war vermutlich als Wissenschaftler an der Gall'schen Schädellehre interessiert. Vielleicht sogar nicht nur theoretisch interessiert, sondern auch praktisch beteiligt – als Schädelsammler. Ob ihn schlechtes Gewissen dazu trieb, dem kopflosen Meister einen Grabstein und eine Inschrift zu spenden? Und dafür dieses zweideutige Horaz-Zitat zu wählen? Kryptisch bleibt die Bedeutung des Wortes „omnis". Die Ungewissheit bleibt, welche Deutung gemeint war. So hinterließ dieser heute weitgehend unbekannte Österreicher eine kryptische Botschaft im Namen Haydns, deren Bedeutung bis heute rätselhaft blieb.

Der entschlüsselte Rätselkanon

Der fünfstimmige Rätselkanon jedoch konnte von Karl Schnürl, Universitätslektor und ehemaliger Professor am Wiener Musikgymnasium, im Jahr 2002 gelöst und in Noten gesetzt werden. „Die Lösung des Kanons wäre nur schwer möglich gewesen, hätte der Komponist nicht selbst einen Hinweis gegeben", meint Schnürl. „Dieser Kanon muss auf folgende Weise geschrieben werden, ehe man ihn zu entziffern unternimmt", mahnt Neukomm. Der Wiener Musikprofessor schrieb ihn offenbar richtig und konnte so das Rätsel lösen. Durch zweimaliges Wechseln des Schlüssels ergab sich ein sinnvolles Musikstück. Allerdings trat ein neues Problem auf, der Kanon hatte keinen Abschluss. Die letzte Note war dieselbe wie die erste, ein „Canon perpetuus" sozusagen. Haben also die kryptischen Worte auf dem Grabstein „niemals werde ich ganz sterben" einen ganz anderen, einen musiktheoretischen Sinn?

TIPP

1120, Gaudenzdorfer Gürtel/Flurschützstraße (ehemaliger Hundsturmer Friedhof 1783–1874): Haydngrabstein
1060, Haydngasse 19: Haydnwohnhaus

TOTEN DES WELTKRIEGES

Nazibotschaft im Zeichen des Sonnenrades

Heldendenkmal

Die Heldengruft im Burgtor (links); die verdächtige Metallkapsel mit brisantem Inhalt (unten)

Im Jahr 2012 wurde mitten in Wien eine sensationelle Entdeckung gemacht. Einzementiert in Beton unter einer Skulptur des Heldendenkmals im Äußeren Burgtor entdeckte man eine 77 Jahre alte, höchst brisante Botschaft: eine Huldigung an das Naziregime aus dem Jahr 1935. Immer schon sprach man von einer versteckten Nazibotschaft unter der Sodatenfigur, nachgegangen war man dem Gerücht aber bisher nie. Warum erst 2012?

Auf Veranlassung des Vorarlberger Historikers und Abgeordneten Harald Walser ließ der österreichische Verteidigungsminister Norbert Darabos den Namen des NS-Kriegsverbrechers Josef Vallaster aus den Totenbüchern der Krypta entfernen. Gleichzeitig sollten die Eintragungen auf weitere Kriegsverbrecher und auch jenes Gerücht um die Nazibotschaft unter der Skulptur des „Unbekannten Soldaten" überprüft werden. Der österreichischen Bildhauer Wilhelm Frass (1886–1968), Schöpfer der Skulptur, behauptete 1938, dass er im Jahr 1935 eine „Huldigung an das NS-Regime" unter der roten Marmorplastik versteckt hätte. Erst ein Dreivierteljahrhundert später wurde endlich der Aussage des Künstlers nachgegangen. Die Sensation war perfekt, als tatsächlich eine Metallkapsel mit zwei Briefen gefunden wurde – die behauptete Nazihuldigung von Frass gemeinsam mit einer nie erwähnten Friedensbotschaft von Alfons Riedel, einem Schüler des Bildhauers. Wer waren die beiden Briefschreiber? Und welche Motive standen hinter der geheimen Botschaft?

Der Bildhauer des Hitlerregimes

Im Ersten Weltkrieg war Frass Infanterieoffizier. Von 1934 bis 1938 amtierte er als Präsident des Verbandes der österreichischen Bildhauer und erhielt 1936 den Großen Österreichischen Staatspreis. Seit 1933 war er illegales Mitglied der NSDAP. Von 1938 bis 1945 bekleidete er den Posten des Leiters der Kunst- und Modeschule Wien und war Sachverständiger im Kulturamt. Obwohl er vom Hitlerregime mit Großaufträgen bedacht wurde und Hitlerbüsten sowie Nazidenkmäler schuf, wurde er 1945 entnazifiziert, weil als minderbelastet eingestuft. Er blieb weiterhin ein an-

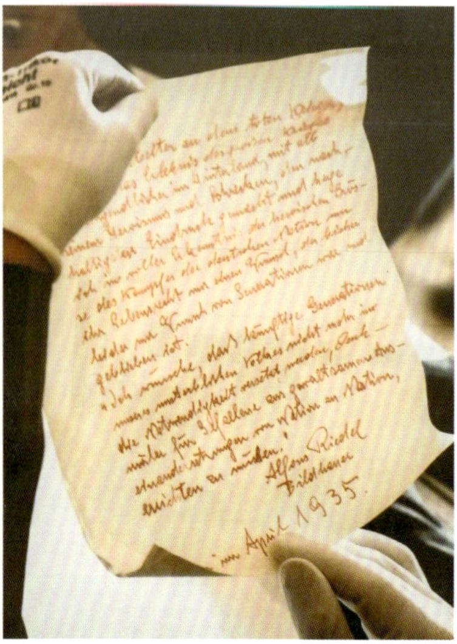

gesehener und viel beschäftigter Künstler, unter anderem Mitglied der Wiener Secession. Frass starb 1968 und erhielt ein Ehrengrab am Wiener Zentralfriedhof.

Das Heldendenkmal reloaded

Das Äußere Burgtor zwischen dem Heldenplatz und der Ringstraße wurde von Peter Nobile mit Soldaten der kaiserlichen Armee errichtet. Die feierliche Eröffnung fand am 16. Oktober 1824 statt, dem elften Jahrestag der Völkerschlacht bei Leipzig, unter Beisein des Kaisers Franz I. Ab 1914 richtete man dort immer wieder Soldaten-Gedenkstätten ein. 1933 bis 1934 wurde es zu einem Heldendenkmal der Gefallenen des Ersten Weltkriegs umgebaut.

Mehrmals in seiner Geschichte entging es der Schleifung. Zuerst wollte der Jugendstilbaumeister Otto Wagner das Tor abreißen und in Grinzing wieder aufstellen lassen, dann wollte es Ludwig Baumann, Baumeister der Neuen Hofburg, gänzlich schleifen lassen, um eine Öffnung des Heldenplatzes zur Ringstraße zu erreichen. Zuletzt hatte das NS-Regime eine grandiose Idee: Die Hauptachse des Heldenplatzes sollte gedreht werden und auf jenen Balkon zeigen, von dem aus Adolf Hitler 1938 den „Anschluss" verkündete. Das Tor sowie die monumentalen Reiterdenkmäler von Prinz Eugen und Erzherzog Karl sollten versetzt werden. Nichts davon wurde realisiert.

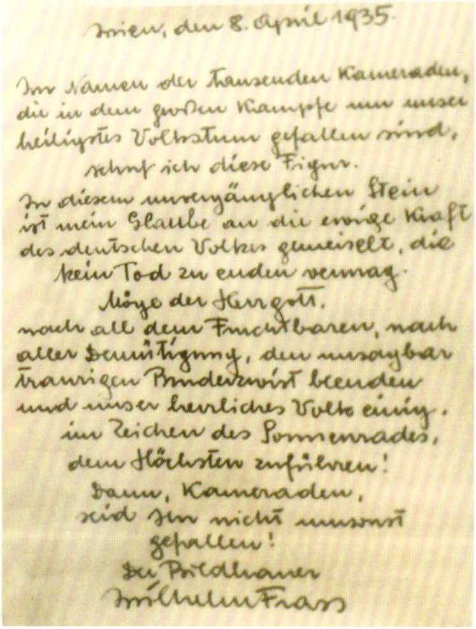

Wien, den 8. April 1935.

Im Namen der Tausenden Kameraden,
die in dem großen Kampfe um unser
heiligstes Volkstum gefallen sind,
schuf ich diese Figur.
In diesem unvergänglichen Stein
ist mein Glaube an die ewige Kraft
des deutschen Volkes gemeißelt, die
kein Tod zu enden vermag.
Möge der Herrgott,
nach all dem Furchtbaren, nach
aller Demütigung, den unsagbar
traurigen Bruderzwist beenden
und unser herrliches Volk einig,
im Zeichen des Sonnenrades,
dem Höchsten zuführen!
Dann, Kameraden,
seid Ihr nicht umsonst
gefallen!
Der Bildhauer
Wilhelm Frass

Im Zeichen des Sonnenrades

Bei den aufgefundenen Dokumenten handelt es sich nicht um verschlüsselte, sondern im Falle des Frass'schen Briefes um eine hochverräterische Botschaft, gut versteckt im Betonsockel des Heldendenkmals im Burgtor. Es sind zwei höchst unterschiedliche Briefe. Der eine mit schwarzer, der andere mit roter Tinte geschrieben. Der eine huldigt dem deutschen Volk im Zeichen des Sonnenrades, der andere mahnt zum Frieden. 77 Jahre lagen sie gemeinsam, ineinander gerollt in einer Metallkapsel. Dass just an der Stelle, wo alljährlich des Schreckens der Kriege und der unzähligen gefallenen Soldaten gedacht wird, eine Huldigung des NS-Regimes versteckt war, wurde lange vermutet, jedoch nie nachgeprüft. Der Bildhauer selbst war es, der

Das Äußere Burgtor der Wiener Hofburg (oben)
Die Friedensbotschaft von Alfons Riedel (links oben); die Nazihuldigung von Wilhelm Frass (links unten)

1938 in einem Brief an den Kunsthistoriker Karl Hareiter bestätigte, dass er ein „hochverräterisches Schriftstück … in einem unbeobachteten Augenblick" verstecken konnte. „An dem Tag, an dem der Führer das erste Mal den Kranz vor diese Figur im Heldendenkmal legte, hatte sich mein Wunsch erfüllt", frohlockte er abschließend. Das Schreiben habe „Manifestcharakter" und sei gegen Österreich gerichtet, meint die Historikerin der Denkmalkommission Heidemarie Uhl. Frass bekennt darin „meinen Glauben an die ewige Kraft des deutschen Volkes. Möge der Herrgott … unser herrliches Volk einig im Zeichen des Sonnenrades dem Höchsten zuführen!"

Die eigentliche Sensation, weil bis dato völlig unbekannt, war die Auffindung des zweiten Schreibens. Verfasst von Alfons Riedel, damals vermutlich ein Schüler von Frass und von 1961 bis 1965 Präsident des Wiener Künstlerhauses. Sein Brief, eine Friedensbotschaft, sei „offensichtlich in Eile" geschrieben worden, meint die Historikerin. Seine Hoffnung auf Frieden hat sich jedenfalls nicht erfüllt. Wieso beide so gegensätzlichen Schreiben gemeinsam einbetoniert wurden, konnte bis dato noch nicht herausgefunden werden.

TIPP

1010, Heldenplatz Bugring: Krypta des Heldendenkmals. Öffnungszeiten: Di–Fr 08.00–12.30 Uhr und 12.00–16.00 Uhr. Sonntag heilige Messe um 09.30 Uhr. Gedenkfeiern finden zum Nationalfeiertag am 26. Oktober und im April statt. Fotodokumentation über die Auffindung der Nazibotschaft im Foyer.

Nicht unknackbar

Des Führers Chiffrier-Maschinen

In einem Buch über Geheimschriften und verschlüsselte Botschaften soll auch über jene Maschinen berichtet werden, die das Codieren und Dechiffrieren ermöglicht haben beziehungsweise es leichter und schneller werden ließen. Kaum bekannt sein dürfte, dass sich in Wien eine Sammlung dieser legendären Verschlüsselungsmaschinen befindet, die auch besichtigt werden kann.
Zweifelsohne hatte man bereits im Mittelalter Schablonen aus Papier entworfen, die man so präparierte, dass gewisse Buchstaben durch andere ersetzt werden und auf diese Weise den verschlüsselten Text produzierten. Aber erst der italienische Universalgelehrte Leon Battista Alberti (1404–1472) gilt als der „Vater der westlichen Kryptografie". Er erfand 1467 das erste so genannte polyalphabetische Verschlüsselungsverfahren, das mittels einer festen großen und einer beweglichen kleineren Scheibe erlaubt, nach drei oder vier Worten das Alphabet zu wechseln. Der im Kapitel über Kaiser Maximilians I. Geheimschriften erwähnte Johannes Trithemius (1452–1516) beschrieb das von ihm entwickelte Chiffrierverfahren in seinem Werk „Steganographia". Dabei liefern ganze Wörter je einen signifikanten Buchstaben. Bis zu den heute gebräuchlichen Codierverfahren war es jedoch noch ein weiter Weg. Mechanische Verschlüsselungsmaschinen für geheime Nachrichten gab es erst im Ersten Weltkrieg. Im Zweiten Weltkrieg waren bereits Tausende Codierungsapparate im Einsatz. Die berühmteste davon war die ENIGMA der deutschen Wehrmacht. Der Name kommt aus dem Griechischen und bedeutet Rätsel. Die Maschine wurde zwar von den alliierten Streitkräften geknackt, aber kaum bekannt dürfte sein, dass die Nazis noch gegen Ende des Krieges an weiteren Verschlüsselungsmaschinen gearbeitet haben.

Historische Funk- und Codierapparate im Fernmeldemuseum (links); Schlüsselanleitung für die ENIGMA des R. F. SS Sicherheitsdienstes aus dem Jahr 1937 (unten)

Die legendäre ENIGMA

Die ENIGMA ist eine so genannte „Rotor-Schlüsselmaschine". Ihr Erfinder war der deutsche Elektroingenieur Arthur Scherbius (1878–1929). Als er 1918, am Ende des Ersten Weltkriegs, die ENIGMA zum Patent anmeldete, war sie eine kryptographisch äußerst effiziente Maschine und durfte zu Recht als „unknackbar" bezeichnet werden. Während des Zweiten Weltkriegs wurde sie von der deutschen Wehrmacht, aber auch von anderen Institutionen wie von der Polizei, den Geheimdiensten, der Reichspost und der Reichsbahn zur Verschlüsselung des

H. Dv. g.14
M. Dv. Nr. 168
L. Dv. g.14

Prüf-Nr. 1812

Geheim!

Schlüsselanleitung
zur
Chiffriermaschine Enigma

Vom 8. 6. 37

R. F. SS

Berlin 1937
Gedruckt in der Reichsdruckerei

Die legendäre ENIGMA

Nachrichtenverkehrs verwendet. Obwohl die Verschlüsselungsqualität der Maschine während des Krieges mehrfach weiterentwickelt wurde, konnten die Alliierten während der meisten Zeit die deutschen Funksprüche mitlesen. Man schätzt, dass während des Zweiten Weltkriegs mehr als 30.000 Maschinen produziert wurden. Manche Schätzungen sprechen aber auch von 100.000 Apparaten. Bis zum Kriegsende 1945 und noch darüber hinaus kamen viele verschiedene Modelle und Varianten der ENIGMA zum Einsatz. Die ENIGMA I (sprich: „Enigma Eins") war dabei die bis 1945 am häufigsten verwendete Codierungsmaschine.

ENIGMA in Wien

Diese legendären, einst unknackbaren Wundermaschinen kann man in Wien besichtigen. Und zwar im Fernmeldemuseum der ehemaligen Fernmeldetruppenschule, heute Führungsunterstützungsschule (abgekürzt FüUS). Die FüUS ist die zentrale Ausbildungsstätte für das Kaderpersonal der Fernmeldetruppe und der Truppenfernmeldekräfte des Österreichischen Bundesheeres. Die höchst sehenswerte Sammlung wurde 1998 von Oberst a. D. Johann Prikowitsch mit viel Engagement im „Alten Kasino", der ehemaligen Offiziersmenage der k. u. k. Zeit, in der Starhembergkaserne in Wien Favoriten eingerich-

tet und wird nach wie vor von ihm betreut. Seit einigen Jahren fungiert das Fernmeldemuseum als Expositur des Heeresgeschichtlichen Museums. Ein besonderes Jubiläum mit einer Sonderausstellung konnte im Jahr 2012 begangen werden. Die Starhembergkaserne feierte ihr 100-jähriges Bestehen, sie wurde 1912 als Erzherzog Franz Ferdinand Kaserne gegründet.

Sehenswerte Sammlung an historischen Funkapparaten

Die ENIGMA-Maschinen sind natürlich der besondere Anziehungspunkt der Sammlung. Das Museum umfasst aber darüber hinaus auch noch eine überwältigende Fülle an Raritäten von einst, wie beispielsweise Morseapparate, die ersten Telefone, antike Funkfernsprechapparate und dergleichen. Die meisten der für heutige Begriffe vorsintflutlichen Geräte sind noch funktionstüchtig und könnten jederzeit in Betrieb genommen werden – was der Herr Oberst a.D. auch immer wieder gerne demonstriert.

TIPP

1100 Wien, Gußriegelstraße 45, Starhemberg-Kaserne: Fernmeldemuseum mit einer Sammlung von Funkfernsprech- und Codier-Maschinen. Öffnungszeiten und Führung nur nach Absprache mit Amtsdirektor i. R. Oberst a. D. Johann Prikowitsch, fm-museum@gmx.at, +43 (0) 664/24 31 186.

CUM CERNERE POSSIS,
QUOD MEDITARIS OPUS
NON CURAM POSUIT
UMBRA
ARTIS, AMICE VIATOR
HÆC CARMINA SI PENETRES

An den Wanderfreund

Rätsel im Gemeindebau

Auf einem Fußweg durch eine der Wohnhausanlagen der Stadt Wien in Ottakring, dem 16. Wiener Gemeindebezirk, trifft der Spaziergänger auf eine rätselhafte Inschriftentafel. Angebracht an der Mauer eines ehemaligen Gutshofes des Schottenklosters, durch ein Gitter vor Vandalismus geschützt, hängt eine so genannte Kartusche ohne Erklärung oder sonstigen Hinweis. Als Kartusche bezeichnet man in der Kunstgeschichte einen Zierrahmen, der fixer Bestandteil der Architektur, also mit dieser verbunden und nicht wie bei Bildern beweglich ist. Besonders beliebt waren Kartuschen in der Stilepoche der Renaissance und des Barock. Woher kommt diese Tafel? Wer ließ sie anfertigen? Und vor allem was bedeutet sein kryptischer Inhalt?

Kartusche mit kryptischem Inhalt (links); der alte Schottenhof in Ottakring um 1800. Zeichnung von M. Frimberger

Der Freihof von Ottakring

Seit dem Jahr 1114 befanden sich die Grundstücke von Ottakring durch eine Schenkung des Markgrafen Leopold III. im Besitz des Stiftes Klosterneuburg. Urkundlich belegt ist ein Freihof Ecke Ottakringer Straße und Sandleitengasse seit dem Jahr 1322.
Freihöfe waren nur dem Landesfürsten gegenüber steuerpflichtig, nicht jedoch dem Grundstückseigner, daher der Name Freihof. Sein damaliger Besitzer war Ulrich von Eitzing.
Im 15. Jahrhundert gehörte er der Familie Maroltinger. 1762 wurde der Freihof an die Theresianische Akademie verkauft und als Feriendomizil für die Zöglinge genutzt. 1777 erwarben ihn die Wiener Schottenmönche und behielten den „Schottenhof" bis 1962. Danach wurde der verfallene Bau schließlich abgerissen und das Grundstück mit Sozialwohnungen der Gemeinde Wien bebaut. Die Kartusche mit der Inschrift dürfte von einem Lusthaus des ehemaligen Gartens stammen, wie auf einer alten Ansicht innerhalb der Wohnanlage zu erkennen ist.

Ein Gedicht für schlaue Wanderer

Der Text lautet übersetzt: „Die wegen ihrer Lage nicht zur Vollendung gelangte Magerkeit; obwohl du es sehen kannst, fragst du doch nach dem Sinn des unerklärlichen Werkes, das du bedenkst. Noch nicht hat sie die nach Licht verlangenden Hoffnungen, noch nicht die unnütze Sorge abgelegt, wenn der schreckliche Schatten den erblassenden Tag zurückdrängt. Alles Natur, nichts Kunst, lieber Wanderer, du musst schon sehr schlau sein, um dieses Gedicht zu durchschauen."
Einer der schlauen Wanderer, der versuchte das Gedicht zu durchschauen, ist der Wiener Lateinprofessor und Stadthistoriker Viktor Böhm. Ein Hinweis auf die rätselhafte Inschrift erschien in der Wiener Zeitung vom 2. April 2004. Böhms kommentierte Übersetzung findet sich in der Fachzeitschrift Fundort Wien 9/2006. Er vermutet hier ein lateinisches Klagelied in Form eines griechischen Zweizeilers. Er meint, es nähme Bezug auf die Nymphe Clytia, die den Sonnengott Apollo liebte, der sie jedoch verschmähte. Der Sage nach aß sie nichts mehr und beobachtete apathisch neun Tage lang die Sonne. Darauf verwandelte Apollo sie in eine Sonnenblume. Des Rätsels Lösung liegt also in einer Sage, die als Verwandlungsgeschichte im 4. Buch der Metamorphosen Ovids erzählt wird.

Der ehemalige Schottenhof: Mosaik im Durchgang zum Gemeindebau

Wer war der Verfasser der kryptischen Botschaft?

Die Großbuchstaben sind im Stil des 18. Jahrhunderts in schwarz mit andersfarbigen Anfangslettern ausgeführt. Insbesondere die Ligaturen von A und E und die Verwendung des Y deuten auf die Barockzeit. Das Gedicht im Hexameter und Pentameter Versmaß wurde bewusst als Rätsel verfasst und wendet sich an den „schlauen Wanderfreund" *(ingeny amice viator)*. Rätsel dieser Art waren besonders in der Zeit des Barocks und Rokoko beliebt. Damals, zwischen 1762 und 1777, war der Freihof im Besitz des Theresianums. Einer der Professoren (ab 1759) war der Jesuitenpater Michael Denis (1729–1800), ein Literaturexperte und selbst Dichter. Er könnte das Rätselgedicht für seine Schüler zur intellektuellen Übung während deren Ferienaufenthalt im Freihof verfasst haben. Meint der Viator ingenius Viktor Böhm.

TIPP

1160, Degengasse nach Haus Nr. 70: Rätselhafte Inschriftentafel an der Mauer entlang des Spazierweges. Im Durchgang der Wohnhausanlage befindet sich ein Mosaik mit der alten Ansicht des Schottenhofs.

ZAHLEN- UND BUCHSTABENCODES

05

O5

Der Code des Widerstands

Es gab einen österreichischen Widerstand gegen die Naziherrschaft: Der Beweis findet sich verschlüsselt bis heute an Wiener Fassaden

O5 ist einer der jüngsten Geheimcodes in Wien, nämlich der im Zweiten Weltkrieg von österreichischen Widerstandsgruppen verwendete Code für „Österreich“. An der Fassade des Stephansdoms, rechts vom Haupteingang, sieht man unter einer Glasplatte eine Buchstaben-Zahlenkombination in den Stein graviert. O5, mit diesem Code kann die heutige Generation nichts mehr anfangen, zu weit entfernt ist die Zeit, als er überlebenswichtig war. Ältere Wiener jedoch, die den Zweiten Weltkrieg erlebten, erinnern sich noch gut an dieses Zeichen. Zu finden war es an etlichen Wiener Hausmauern, in Kellern und sogar auf den Wänden des Kanalnetzes. Es war das Zeichen des österreichischen Widerstands gegen den Nationalsozialismus. Mit O5 ist Österreich codiert. Das Ö wird hier als Doppelbuchstabe gelesen (Ö = OE). O ist somit keine Zahl, sondern ein Buchstabe und die Fünf steht für den fünften Buchstaben im Alphabet, das E. Damit steht der Code O5 für die beiden Anfangsbuchstaben von Österreich.
Der legendäre Film „Der Dritte Mann“, ein Klassiker aus dem Jahr 1949 von Carol Reed mit Orson Welles als Harry Lime, zeigt in einer Einstellung die abschließende Verfolgungsjagd im Wiener Kanalnetz. Auf einer Kanalwand ist der Code deutlich zu sehen. Dieser Kultfilm hat das Wien der Nachkriegszeit und seinen Widerstandscode weltberühmt gemacht.

„Viertel kontrolliert“

Kein Geheimcode, sondern eine Kennzeichnung der russischen Besatzungsmacht, die im April 1945 an vielen Gebäuden angebracht wurde, ist die kyrillische Beschriftung: *Kvartal proveren* heißt übersetzt „Viertel überprüft“ und bedeutet, dass das Stadtviertel von Minen, Kriegsgerät und eventuell auch Wehrmachtssoldaten gesäubert war. Diese Relikte des letzten Krieges sind der heutigen Generation unbekannt. Umso mehr werden die letzten erhaltenen Inschriften museal bewahrt. An vier Wiener Adressen ist diese Beschriftung noch zu sehen, und zwar:

- 1010, Josefsplatz 5
- 1030, Lisztgasse/Heumarkt 8
- 1080, Laudongasse/Schlösselgasse
- 1010, Stephansplatz, West-Fassade des Doms ganz rechts in Augenhöhe.

DIVa7oV MaiVrga
CeLLensIs

Chiffren der Barockzeit

Chronogramme

Wer mit aufmerksamem Blick durch die Wiener Altstadt spaziert, dem werden immer wieder lateinische Inschriften auffallen. Besonders häufig sind sie an Kirchen, Palästen und Statuen zu finden. Es bedarf eines eigenen Studiums, um die Texte fehlerfrei übersetzen zu können. Dem geschulten Auge wird nicht entgehen, dass innerhalb einzelner Wörter manche Buchstaben durch Großschreibung hervorgehoben sind. Warum ist das so und was hat es zu bedeuten?

Hier wird eine Botschaft verschlüsselt. Zahlen sollen aus den Wörtern sprechen und uns ein Datum verraten. Man nennt diese verborgenen Botschaften Chronogramme.

1, Sonnenfelsgasse 3: Inschrift mit versteckter Jahreszahl

Was ist ein Chronogramm?

Das Wort Chronogramm stammt aus dem Griechischen: *chronos* = die Zeit, *gramma* = der Satz. Ein Chronogramm ist ein Satz, meist in lateinischer Sprache, in dessen Wörtern Zahlen verschlüsselt sind. Die Verschlüsselung funktioniert aber nur mit römischen Zahlen, weil diese aus Buchstaben gebildet werden. Und zwar aus: M, D, C, L, X, V, I. Durch Hervorhebung einzelner Buchstaben, die als Zahl addiert werden, ergibt sich somit eine Jahreszahl.

M = 1000 / D = 500 / C = 100 / L = 50 / X = 10 / V = 5 / I = 1

Chronogramme sind in Mitteleuropa als lateinische Inschriften weit verbreitet. Besonders beliebt waren sie um 1700. Meist verraten sie das Baujahr oder die Renovierung eines Gebäudes.

Versteckte Botschaften von hoher Kunstfertigkeit

Wer mit dem Verfassen von verschlüsselten Zahlensätzen begann, lässt sich heute nicht mehr feststellen, jedoch sollen es schon die antiken Griechen getan haben. So fand man Chronogramme bereits im 8. Jahrhundert v. Chr. in Milet. Die römischen Zahlen haben wiederum etruskische Wurzeln, insbesondere das I (1) und X (10), das halbiert zu V (5) wurde.

Der älteste bekannte Zahlensatz steckt in der Inschrift des Genter Altars der Brüder van Eyck aus dem Jahre 1432. Eines der jüngsten Chronogramme entstand anlässlich der Wahl von Papst Benedikt XVI. In der Schreibweise des Ausrufs *habeMVs papaM* versteckt sich 2005. Zählt man die Zahlenwerte der hervorgehobenen Buchstaben zusammen, ergibt sich das Jahr der Papstwahl.

Ihre Hochblüte erlebten die Chronogramme in der Barockzeit. Die damals für Inschriften auf Sakral- und Profanbauten gebräuchliche lateinische Sprache eignet sich besonders für Chronogramme. Die Kunst der Gestaltung besteht darin, grammatikalisch korrekte Sätze zu bilden, die gleichzeitig die zu codierende Information, also die Jahreszahl, beinhalten. Es erfordert beim Verfasser einigen Scharfsinn, vor allem mit M und D hauszuhalten, um so in seinem Jahrtausend zu bleiben.

Manche sehen in der Erstellung von Chronogrammen eine unnötige Spielerei, andere wiederum eine spannende Möglichkeit, eine „Nuss“ zu knacken. Auf jeden Fall wecken sie unsere Neugierde und Entdeckerfreude. Tatsache ist, dass diese Art der verschlüsselten Inschriften vor allem im 17. und 18. Jahrhundert seine Blütezeit und große Verbreitung fand. So soll zum Beispiel der Chorherr Carolus Amandus Haring aus dem Kloster Vorau in der Steiermark allein 2.000 Chronogramme verfasst beziehungsweise aus der Heiligen Schrift zusammengestellt haben.

Zahlenspielerei für Stadtspione

Peterskirche

Eine nicht ganz leicht zu knackende Nuss ist die codierte Botschaft am ehemaligen Pfarrhof der Peterskirche in der Wiener Innenstadt. Der Neubau dieser Kirche über den alten Grundmauern wurde ab ca. 1700 von der dort ansässigen Dreifaltigkeitsbruderschaft betrieben. Ihr Vosteher war Superintendent Franz von Cischini. Ihm verdanken wir auch den Neubau des Pfarrhofes. Für seinen Einsatz wurde ihm die Ehre eines Grabmals innerhalb der Kirche zuteil. Eine lateinische Inschrift unter der Statue des heiligen Petrus an der Fassade des Pfarrhofs erinnert an den oben erwähnten Bauherrn und verrät zugleich, codiert als Chronogramm, die Jahreszahl der Erbauung. Interessant ist, dass auf der nebenstehenden Tafel der Stadt Wien die Jahreszahl mit „um 1697“ angegeben wird. Die im Satz verschlüsselte Jahreszahl beträgt jedoch durch Addition der Großbuchstaben 1698. Die Inschrift auf der Statue des heiligen Petrus am Pfarrhof der Kirche St. Peter lautet: *haC VetVsta sanCtI petrI parocCIa. fVnDItVs. sVperIntenDente a CIsChInI eXCVLta.*

Zu Deutsch: „Dieses alte Pfarramt von St. Peter (wurde) von Grund auf unter dem Vorsteher (Franz) von Cischini aufgebaut – 1698.“

Hildebrandthaus

Auch am Portal des so genannten Hildebrandthauses in der Sonnenfelsgasse 3, in dem sich der bekannte „Zwölf-Apostelkeller" befindet, gibt es ein interessantes Chronogramm. Die Fassade des im Kern mittelalterlichen Hauses wurde zwischen 1716 und 1721 vom Barockbaumeister Lucas von Hildebrandt gestaltet. In einer reich verzierten Mauernische steht die Mariazeller Gottesmutter mit dem Jesuskind auf dem Arm. Eine nicht leicht lesbare Inschrift, die zusätzlich ein wenig Fachwissen erfordert, verrät die Jahreszahl 1717. Sie bezieht sich vermutlich auf die Anbringung der Statue und lautet: *DIVa taVMatVrga CeLLensIs.* Übersetzt bedeutet das: „Göttliche Wundertäterin von Mariazell. 1717." Die Vs im zweiten Wort sind als U zu lesen und wurden nur zum Zweck der Verschlüsselung als römisches Zahlzeichen für fünf als V geschrieben. Dieser Weinkeller dürfte übrigens der einzige von einem Papst gesegnete sein. Benedikt XVI. besuchte am 8. September 2007 den Wallfahrtsort Mariazell. Im Zuge der 850-Jahr-Feier segnete der Papst alle Mariazeller Muttergottesstatuen und ihren jeweiligen Standort, so auch den Zwölf-Apostelkeller.

Ruprechtskirche

In der Turmkapelle der Ruprechtskirche sind zwei Grabsteine eingemauert, die ebenfalls Chronogramme zeigen. 1817, die Zahl auf dem oberen der beiden Steine, 1819 auf dem anderen.

Pestsäule

Die Pestsäule am Graben weist eine interessante Variante auf. Hier wird ein U statt des lateinischen V geschrieben, jedoch trotzdem als die Fünf gelesen. Die Inschrift mit der verschlüsselten Jahreszahl 1679 lautet: *Ita VoVI: anno DoMInI saLVatorIs nostri IesU (sic!) ChrIstI.*

Mariensäule am Hof

Die Mariensäule am Hof ziert eines der schwierigsten Chronogramme Wiens – eine Hirnakrobatik, die dem Leser beim Dechiffrieren einiges abverlangt. Die Säule wurde aufgrund eines Gelöbnisses Ferdinands III.

errichtet, als Wien vor den heranrückenden Schweden zitterte. Interessant ist die Schreibweise des Namens Ferdinand. Der Kaiser verfasste seine Widmung selbst und schrieb „Fernandus“ (anstatt Ferdinandus) wegen des Chronogramms. Das fehlende D und I hätte sonst die Jahreszahl um 501 erhöht. Die richtige Jahreszahl erhält man aber trotzdem nur durch einen weiteren Kunstgriff. Das Wort *tertius* für „der Dritte“ muss eingefügt werden, wodurch sich die Zahl um drei vergrößert und das korrekte Datum der Einweihung, nämlich 1647, ergibt. An der Rückseite der Säule befindet sich folgende Inschrift: *statVaM hanC eX Voto ponIt fernanDVs III (= tertIVs) aVgVstVs. die 17. may.* – „Diese Statue errichtet Kaiser Ferdinand III. auf Grund eines Gelübdes. Am 17. Mai. (1647)“
In einigen Wien-Chroniken liest man die falsche Jahreszahl. Wer sich dadurch nicht beirren lässt, wird das Rätsel um dieses Chronogramm sicher lösen.

Das Scherz-Chronogramm

Ein falsches Chronogramm, eine absichtliche Irreführung, findet man im Alten Rathaus in der Wipplingerstraße 6–8. Im Deckenfresko des Wappensaales verewigten sich die Wiener Bürgermeister und Ratsherren mit ihren Wappen und lateinischen Leitsprüchen. Das zentrale Chronogramm mit den Worten In *ConCorDIa IVngIMVr,* zu Deutsch „in Eintracht sind wir verbunden“, verrät uns wiederum das Datum der Malerei, nämlich 1714. In einer der Kartuschen liest man einen rätselhaften Spruch in der Art eines Chronogramms mit Groß- und Kleinbuschstaben: *FU as reDO fuAL.* In dieser Schreibweise ist es ein unentzifferbarer, ganz offensichtlich nicht lateinischer Spruch, der darüber hinaus auch keine römischen Zahlen enthält. Das Rätsel löst sich, sobald man das Spruchband verkehrt herum liest. „Lauf oder sauf“ ist die überraschende Anweisung an den Betrachter. Überraschend deswegen, weil die Version „Sauf oder lauf“ eigentlich als Wirtshausspruch bekannt ist. Woher kommt dieser wenig tugendhafte Spruch? Und wer hatte so viel Humor, ihn als seinen Wappenspruch zu wählen?

Es war Johann Franz von Wenighofer (1658–1734), Bürgermeister von 1708 bis 1712, und angesehener Ratsherr unter Kaiser Karl VI. Wieso er einen Wirtshausspruch zum Lebensmotto erwählte, ist nicht überliefert. Er war weder ein in Weinkellern aufgewachsenes „Kellerkind“, noch betrieb er selbst ein Wirtshaus. Sein Vater Mathias war kaiserlicher Hof-Fisch-

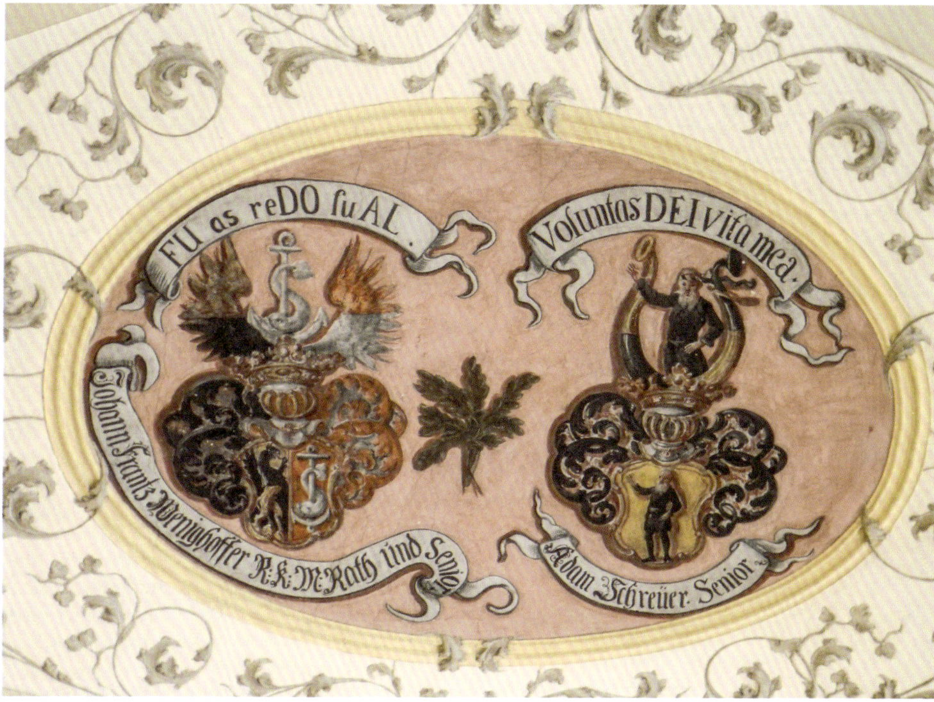

meister, die Mutter eine tugendhafte Hausfrau, die im hohen Alter von 92 Jahren verstarb. Die Frage woher der Wahl- oder Trinkspruch kommt, bleibt somit ungeklärt. Ob die Großbuchstaben eventuell in einer Annagramm-Version nicht doch einen verborgenen Sinn darstellen, bleibt ebenso unbeantwortet. Seit genau 300 Jahren schwebt das kunstvoll verzierte Spruchband über den Köpfen der Gemeinderäte. So mancher wird sich das Motto zu Herzen genommen haben. Zu jener Zeit gab es nämlich die so genannten Trinkgesellschaften, die nur Mitglieder der obersten Gesellschaftsschichten aufnahmen. Ratsherren legten die genauen Normen fest und regelten das Verhalten in den Trinkstuben. Gut möglich daher, dass der Wappensaal auch als Treffpunkt der exklusiven Trinkbruderschaft diente.

„Lauf oder sauf“: Chronogramm im Wappensaal des Alten Rathauses

TIPP

Chronogramme an Wiener Sakral- und Profanbauten:
1010, Petersplatz 6A: Peterskirche; 1010, Sonnenfelsgasse 3: Zwölf-Apostelkeller; 1010, Ruprechtsplatz 1/2: Grabsteine der Ruprechtskirche; 1010, Platz Am Hof: Mariensäule; 1010, Am Graben: Pestsäule; 1010, Wipplingerstraße 6–8: Altes Rathaus: Der Wappensaal im 1. Stock mit verkehrtem Chronogrammspruch ist wochentags von 08.00–15.30 Uhr zugänglich.

Kaiserlicher Fingerabdruck

Monogramme

Monogramme von Franz Joseph I. in der Kuppel des Kunsthistorischen Museums (links) und von Karl VI. im Marschalltor der Hofburg (oben)

Ein Spaziergang durch die Wiener Innenstadt kann anhand der Habsburger Monogramme zu einer Entdeckungstour werden, denn dieses über 700 Jahre in der Residenzstadt regierende Geschlecht verewigte sich unübersehbar und dauerhaft nicht nur durch seine Bautätigkeit, sondern auch mit seinen Initialen in Stein: Auf Häusern, Brunnen, Statuen und Vasen findet man seine Monogramme.

Unter einem Monogramm verstand man ursprünglich einen Einzelbuchstaben, meist den Anfangsbuchstaben des Vornamens. Später wurde daraus ein kunstvoll verziertes Zeichen, sozusagen das unverkennbare Logo des Herrschers.

Das vorletzte Kaiserpaar, Franz Joseph I. und Elisabeth, verewigte sich besonders häufig. Ihre Initialen sind nicht nur auf den Fassaden der Hofburg, sondern auch auf der ehemaligen Hofoper, dem Hofburgtheater und den Museen an der Ringstraße zu entdecken. Selbst Fenstergitter und Türschnallen zieren die Buchstaben FJ1 und E, meist gemeinsam mit einer Miniaturausführung der Österreichischen Kaiserkrone. Ebenso prominent prangen die Initialen J II von Joseph II., Sohn und Nachfolger Maria Theresias, auf den Dekorationsvasen hoch oben auf den Dächern der Hofburg. Weniger häufig findet man MT für Josephs Mutter, Maria Theresia. Dafür ließ sich der Großvater, Karl VI., mit einem spiegelverkehrt in sich verschlungenen CC für Carolus Caesar und der römischen Zahl VI, in goldenen Lettern mit Lorbeerkranz, verehren.

Auch der Adel schmückte seine Paläste mit Monogrammen. Ein besonders prächtiges versteckt sich innerhalb der kunstvoll verzierten, schmiedeeisernen Tore des Schlosses Belvedere. Im Mittelteil der Toranlage steckt das E für Eugen, jedoch zweimal. Und zwar spiegelverkehrt in sich verschlungen, sodass es aus beiden Richtungen, einmal beim Betreten des Parks und das andere Mal beim Verlassen, korrekt gelesen werden kann. In den Seitentoren verbirgt sich das S für Savoyen. Auch hier wieder zweimal, je nach Blickrichtung korrekt zu lesen.

Kabbalistische Zeichen auf dem „Schönen Brunnen"

Ein enigmatisches Monogramm, ein Doppel-M mit Krone und Schleifenbändern, will erst noch entschlüsselt werden. Viele haben sich daran versucht, blieben die überzeugende Lösung aber bisher schuldig. Wir finden dieses Monogramm in Schönbrunn, der ehemaligen Sommerresidenz der Habsburger und als Steinrelief dort gleich mehr-

mals. Einmal im Brunnenhaus des „schönen Brunnens“, ein zweites Mal an der Gartenmauer entlang der Grünbergstraße und ein drittes Mal an der Innenseite derselben Mauer.
Nicht der monumentale Neptunbrunnen war – wie viele meinen – der Namensgeber für Schönbrunn, sondern eine unscheinbare Quelle im Schlosspark, die der Sage nach von Kaiser Matthias (1557–1619) während einer Jagd im Revier von Schönbrunn im Jahr 1619 entdeckt worden sein soll. Die angebliche Sage, die Matthias als Entdecker nennt, ist allerdings nirgendwo dingfest zu machen. Die erste schriftliche Quelle, eine kirchliche Topografie, stammt aus dem Jahr 1824.
Das Buchstabenpaar auf dem so genannten „Brunnenstein“ gibt uns daher Rätsel auf. Gestützt auf oben erwähnte Überlieferung meint man, die beiden M seien das Monogramm von Kaiser Matthias. Woher das Doppel-M für Matthias kommt, wird nirgends erklärt, die Monogramm-Deutung in der Literatur jedoch immer wieder übernommen. Wenn also das M der Anfangsbuchstabe des Namens Matthias ist, wofür steht dann das zweite M? Könnte MM für „Monarch Matthias“ stehen oder „Mathias Magnus“? Oder hat es etwa eine verborgene Bedeutung und steht für die Geburtszahl des Kaisers, die 26? Diese Zahl ergibt sich aus der Ziffernsumme seines Geburtsdatums *24. 2. 1557 [= 26]. Auch der alphanumerische Wert der Buchstaben MM ist 26, denn M + M = 13 + 13 = 26. Die Zahl 26 steht in der Kabbala für JAHWE (hebräisch JHVH = 10 + 5 + 6 + 5 = 26) und gilt als die Gotteszahl. Möglicherweise betrachtete Matthias die Zahl 26, resultierend einerseits aus seiner Geburtszahl und andererseits aus seiner kaiserlichen Stellung, im doppelten Sinn für sich als gültig und codierte sie daher im MM.

Der alphanumerische Wert von MM ist 26, die Gotteszahl oder die Geburtszahl von Kaiser Matthias

Matthias und das siebenfache M

Ein in die Geschichte eingegangener Buchstabencode für Kaiser Matthias ist das siebenfache M. Dieses schuf der Astronom Johannes Kepler für seine berühmte Prophezeiung über das Schicksal des Monarchen. Er sagte für das Jahr 1619 den Tod des Kaisers richtig voraus, und zwar mit dem Spruch:

Magnus Monarcha Mundi Matthias Mense Martis Morietur

Übersetzt heißt das: „Der große Monarch der Welt Matthias wird im Monat März sterben.“ Das erfüllte sich am 20. März 1619.

MM – der Maximilian Code

Gibt es trotz der oben angeführten „Beweise" noch andere Deutungen für das rätselhafte Monogramm? Könnte das Doppel M etwa auch für Maximilian II. stehen?
Diese Meinung vertritt der Historiker Erich Krenslehner, der profundeste Kenner der Geheimnisse um Schönbrunn: Nicht Matthias sei der Entdecker des schönen Brunnens gewesen, sondern schon sein Vater Maximilian II., der das Jagdgebiet im Jahr 1569 erwarb. Das Monogramm stünde somit für Maximilian II., wobei die römische Zahl II für das zweite M steht. Es könnte aber auch mit dem zweiten M Maximilians Gattin Maria von Spanien gemeint sein. Logisch wäre diese Deutung, zumal es unwahrscheinlich ist, dass die Schönbrunner Wasserquelle erst im Jahr 1619, also 50 Jahre nach Erwerb der Liegenschaft entdeckt worden sein soll. Umfangreiche Forschungen der Kunsthistorikerin Elisabeth Hassmann über die Anfänge Schönbrunns veranlassten sie in ihrer Publikation aus dem Jahr 2004, das rätselhafte Monogramm MM ebenfalls Kaiser Maximilian II. zuzuschreiben. Ihre Zuschreibung basiert auf mehreren Quellen. Zum einen lässt sich die Brunnenquelle bereits 1540 belegen und kann daher nicht erst 1619 entdeckt worden sein. Zum anderen verwendete Maximilian II. die Doppelinitiale MM mit der Schleifenkrone auch andernorts, denn sie befand sich auf der Eingeweideplatte dieses Kaisers. Darüber hinaus sei der so genannte „Quellenstein" mit dem Doppel M gar nicht in Zusammenhang mit dem Brunnen zu sehen, weil der Stein erst laut einer Eintragung in Gartenarbeitsberichten 1839 in der Gegend des Brunnens (wieder?) ausgegraben wurde. Aus welcher Zeit der Quellenstein mit dem rätselhaften Monogramm nun tatsächlich stammt, ob von Kaiser Matthias oder Maximilian wird wohl das Geheimnis der Quellnymphe Egeria bleiben.

Die Quellennymphe Egeria labt den durstigen Wanderer

TIPP

1130, Schloss Schönbrunn: Der Schöne Brunnen mit dem rätselhaften Monogramm befindet sich im Ostteil des Schlossparks.
1010, Hofburg: Die Monogramme der Habsburger Kaiser CC, J II und FJ1 sind an der Fassade, den Balkonen und Vasen der Hofburg zu finden.
1030, Prinz Eugen Straße 27: Schloss Belvedere. Monogramm Eugen von Savoyen im Parktor des Oberen Belvedere.

Tacui

Das Schweigen des Brückenheiligen

Das Martyrium des heiligen Nepomuk in der Franziskanerkirche

Der meistverehrte Wiener Heilige ist Johannes Nepomuk. Ungefähr 80 Statuen des Heiligen stehen auf Brücken, an Plätzen und in Kirchen. Zwei außergewöhnlich kunstvolle Darstellungen seines Martyriums in vergoldetem Holz mit der Szene des Moldausturzes gibt es in der Peterskirche und der Franziskanerkirche. Diese Plastiken befinden sich jeweils gegenüber der Kanzel. Sie zeigen den Heiligen als Pfarrer, der von den Soldaten des Böhmenkönigs von der Karlsbrücke in Prag gestoßen und ertränkt wird. Wer war dieser Heilige?

Der Geheimnisträger

Der Heilige Johannes (1350–1393) von Pomuk bei Pilsen in Böhmen ist nicht nur der Nationalheilige und Schutzpatron Böhmens. Sein Festtag ist der 16. Mai.
Er wird als der große Schweiger, als der Bewahrer von Geheimnissen verehrt. Der Legende nach soll er als Beichtvater der Königin Johanna das Beichtgeheimnis trotz Folter nicht gebrochen haben. Sein Attribut, die fünf Sterne im goldenen Kranz, seien bei seinem Martyrium in den Wellen der Moldau erschienen. Johannes Nepomuk und die fünf Sterne sind seither eine Metapher für Verborgenes, Verschwiegenes, Geheimnisvolles.
Eine besonders schöne Nepomukstatue steht im 19. Wiener Gemeindebezirk, in der Sieveringerstraße 177. Dort befand sich einst eine Brücke über den Arbesbach. Der heilige Nepomuk wird mit einer Inschrift beschworen: *PersIste et taCe DIVI IoannIs nepoMVCenI os In aeVa.* *Zu* Deutsch: „Halte durch und schweige, Mund des Johannes Nepomuk, in alle Ewigkeit." Das Chronogramm verrät die Jahreszahl 1722.
Für den großen Schweiger und Wahrer des Beichtgeheimnisses stehen heute Nepomuk-Figuren in ganz Europa. Überall bewacht er die Brücken, weswegen er auch der Brückenheilige genannt wird. So zahlreich, dass der österreichische Dichter Rainer Maria Rilke, einen humorvollen Reim über den allgegenwärtigen Heiligen dichtete:

Sankt Nepomuk
Große Heilige und kleine
feiert jegliche Gemeine;
hölzern und von Steine feine,
große Heilige und kleine.
Heilge Annen und Kathrinen,
die im Traum erschienen ihnen,
baun sie sich und dienen ihnen,
heilge Annen und Kathrinen.
...
Aber diese Nepomuken!
Von des Torgangs Lucken gucken
und auf allen Brucken spucken
lauter, lauter Nepomuken!"

Der verschwiegene Heilige: Inschrift mit Chronogramm, 19., Sieveringer Straße Nr. 177

Fünf Sterne des Schweigens

Die Legende erzählt, dass der Böhmenkönig Wenzel IV. von Johannes Nepomuk, dem Beichtvater seiner Gattin, verlangte, er solle ihm verraten, ob die Königin ein Liebesverhältnis gebeichtet hätte. Johannes Nepomuk weigerte sich, das Beichtgeheimnis zu brechen. Daraufhin habe der König ihn gefesselt, mit Steinen beschwert und von der Prager Karlsbrücke in die Moldau werfen lassen. Johannes Nepomuk ertrank. An jener Stelle aber, an der er unterging, seien fünf leuchtende Sterne erschienen. Diese fünf goldenen Sterne im Kranz um sein Haupt sind seither das Attribut für den Heiligen, mit dem er immer dargestellt wird. Darüber hinaus sind sie auch das Symbol für Nepomuks angebliches Schweigen, nämlich als verschlüsselter Code für die fünf Buchstaben des Wortes *tacui*, Latein für „ich habe geschwiegen".

Das Einhalten des Beichtgeheimnisses und das Erscheinen der Sterne in der Moldau ist eine fromme Legende, die seit 600 Jahren unverändert und in immer gleicher Weise dargestellt wird. Sie hat mit den historischen Tatsachen wenig gemein.

Der Mord am Generalvikar

Hinter dem Mord an Nepomuk steckt in Wirklichkeit Politik. Nach dem Tod des Abtes des Klosters Kladrau/Kladruby im Westen Böhmens schlug der König seinen Favoriten als Nachfolger für das Amt des Bischofs im neu zu schaffende Bistum Kladrau vor. Doch die Mönche wählten ihren Mitbruder Olen zum Abt. Der bischöfliche Generalvikar Johannes von Nepomuk bestätigte 1393 umgehend die Wahl. Der König konnte aufgrund seiner Abwesenheit die Einspruchsfrist nicht einhalten. Im weiteren Verlauf der Auseinandersetzungen wurde Johannes von Nepomuk verhaftet, gefoltert, von der Karlsbrücke geworfen und schließlich in der Moldau ertränkt. Er wurde im Prager Veitsdom bestattet. Kurze Zeit danach setzten seine Verehrung als Märtyrer und die Legendenbildung ein.

Die rote Zunge in Wiener Bezirkswappen

Auf drei Wiener Bezirkswappen ist ein eigenartiges und nicht leicht deutbares Bild zu sehen: eine rote Zunge im Sternenkranz. Es ist ein heraldisches, in der Wappenkunde gebräuchliches Symbol für Johannes Nepomuk, den großen Schweiger. Eine phantasievolle Darstellung der Legende um das nicht verratene Geheimnis der Königin.
Die Wappen der Wiener Bezirke Leopoldstadt, Zwischenbrücken und Brigittenau zeigen die rote Zunge auf blauem Grund im goldenen Heiligenschein. Der Heiligenschein ist mit fünf fünfstrahligen goldenen Sternen für das Wort *tacui* bestückt.
Zwischenbrücken existiert nicht mehr als eigenständiger Bezirk, es wurde 1850 nach Wien eingemeindet und gemeinsam mit der Brigittenau in den damals gegründeten 2. Bezirk, Leopoldstadt, eingegliedert. Die Bezeichnung stand für das zwischen dem Donaustrom und dem mittleren Donau-Arm gelegene Gebiet. Die Benennung erfolgte, als man dort Brücken über den Fluss errichtete und das Gebiet somit „zwischen den Brücken" lag.

Der Geburtsort der Nepomukstatuen

Die Produktionsstätte der unzähligen Nepomukstatuen war Zogelsdorf bei Eggenburg im Weinviertel (nördliches Niederösterreich). Der Ort war einst die wichtigste Steinmetzmetropole nördlich der Donau. Aus den dortigen Steinbrüchen gewann man bereits in der Bronzezeit einen feinen, weißen Kalksandstein. Dieser hochwertige, weil unzerklüftete Stein wurde ab dem 12. Jahrhundert intensiv abgebaut. Die Blütezeit der Verarbeitung erreichte man im 17. und 18. Jahrhundert mit 400 Steinmetzen. Unter Künstlern ist der so genannte „Bildhauerstein" bis heute hochgeschätzt, da er sich hervorragend zur Bearbeitung von Statuen und Plastiken eignet. Wie am Fließband wurden die Nepomuke in Zogelsdorf produziert. Eine schier unglaubliche Zahl von immer gleichen Darstellungen sandte man in die gesamte Monarchie und postierte sie auf so ziemlich jeder Brücke. Aber nicht nur Statuen aus der Zogelsdorfer Steinmetzwerkstatt, sondern auch fein gearbeitete Reliefs, Türmchen und Figuren zieren bis zum heutigen Tag viele Wiener Kirchen und Ringstraßenpalais.

TIPP

Darstellungen der Nepomuk-Legende in Wiener Kirchen:
1010, Peterskirche; Franziskanerkirche;
1190, Sieveringer Straße 177: Nepomukstatue mit Inschrift und Chronogramm

2006
VII. Neubau.
Siebenstern
Gasse.

Die Eroberung Wiens

Pixel Codes des 21. Jahrhunderts

Zeichen an der Wand (links): „Invasion of Vienna successful 52 x“ (unten)

Seltsame Mosaikbildchen zieren so manche Fassade und Brückengeländer Wiens. Dem flüchtigen Passanten fallen sie kaum auf, da sie meist weit oberhalb der Augenhöhe angebracht sind. Was bedeuten diese ungefähr 30 mal 30 Zentimeter großen Bilder aus winzig kleinen Mosaikstückchen?
Seit dem Jahr 2006 greift ein in Japan erfundenes Computerspiel in die reale Welt ein. „Invaders“, zu Deutsch „Eindringlinge“, erobern in Gestalt von Mosaikbildern den städtischen Raum. Die so genannten Icons (Bilder mit Wiedererkennungswert) sprangen vom Bildschirm auf Hausfassaden und Straßenlaternen. Die Invasion der wirklichen Welt hat begonnen. Mittlerweile gibt es diese Zeichen in annähernd 50 Städten auf allen Kontinenten, nur die Antarktis dürfte bislang noch nicht erobert worden sein.

Stadtpiraten

Wien ist eine der eroberten Städte. Und zwar bereits an 52 Stellen. In der Fachsprache der Cyber-Generation heißt das *Invasion of Vienna successful 52x*, das heißt, dass 52 Mosaikbilder mit dem so genannten Pacman-Icon auf Hausfassaden, Brücken, Pfeilern und Strommasten kleben. Und zwar heimlich und unerkannt, nächtens ohne Genehmigung der betroffenen Eigentümer angebracht. Selbst unter den Augen unserer stets wachsamen Polizei soll es schon gelungen sein, diese Mosaike an Hausfassaden anzubringen. Je exponierter der Ort, desto mehr Punkte erhält der Stadtpirat. Die Mosaike in Gestalt von Pixelbildern stellen einen Code des 21. Jahrhunderts dar, dechiffrierbar von Digital Natives.
Urheber dieses seltsamen Stadtspiels ist der französische Künstler „Invader – Eindringling“, dessen Identität anonym bleibt und Weltstädte wie New York, Tokio, London und seit Juni 2007 auch Wien mit seinen Kunstwerken beglückt. Man höre und staune: Finanziert wird dieses Projekt mit Fördermitteln der Stadt Wien im Rahmen des „Artist in residence“-Programms.

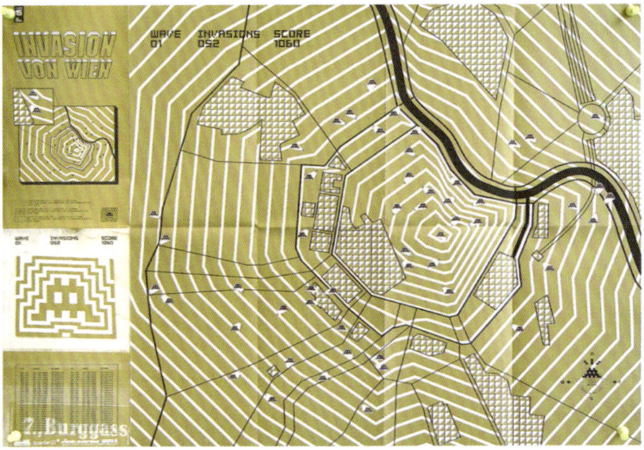

Der Stolz der Galerien: Die Fassade einer Galerie in der Rauhensteingasse mit dem Icon Thomas Baumgärtels

Nach vollendeter Arbeit gestaltete der Künstler einen Invasionsstadtplan von Wien, der die eroberten Plätze anzeigt. Einige der 52 seltsamen Mosaikbilder sind wieder entfernt worden, denn Teil des Spiels ist es, Wien wieder zurückzuerobern. An Stelle der „Kunstwerke" prangt nun ein Loch im Verputz der Hausfassade. Die Eigentümer werden wohl wenig begeistert sein, obwohl ihr Haus nun wieder in ihrem Besitz ist. Ob mit erfolgreicher Rückeroberung das Spiel beendet ist oder von Neuem beginnt, bleibt offen. Der Stadtplan mit dem Verzeichnis der eroberten Plätze ist im Subotron-Shop des Museumsquartiers Wien erhältlich.

Der Bananensprayer

Ein anderes rätselhaftes Zeichen fällt schon lange ins Auge. Seit 25 Jahren taucht hier und da an Wiener Hausfassaden eine gelbe Banane auf. Nicht aufgeklebt oder als Mosaikbildchen, sondern gesprayt. Man findet sie an den Eingängen zu Galerien, Ausstellungen und modernen Kunsthallen. Von wem stammt dieses Zeichen? Wer verziert hier fremde Hausfassaden?

Hinter dem Bananensprayer verbirgt sich ein Kölner Künstler namens Thomas Baumgärtel. Er will sein Logo als Zeichen für zeitgenössische Kunst verstanden wissen. So wie ein rotes Herz für Liebe steht und die Farbe Grün für die Hoffnung soll die gelbe Banane auf Museen oder Galerien das Zeichen für moderne Kunst sein. „1986 war das Jahr, in dem Thomas Baumgärtel in Köln seine erste Spray-Banane setzte. Die Banane wurde von diesem Zeitpunkt an für die Deutschen und Rheinländer neu definiert. Innerhalb der letzten elf Jahre schuf Baumgärtel mit der Vernetzung der besten Kunstorte weltweit einen Wegweiser, der inzwischen in Paris, New York, London, Wien, Moskau und in vielen deutschen Städten zu bewundern ist", heißt es über den Kölner Künstler und seine Initiative. Mit seinem Spraykunstwerk möchte er uns zeigen, dass wir die universelle Sprache der Zeichen verstehen. „Zeichen sind Sprache ohne Worte" heißt auch sein jüngstes Projekt, mit dem er unsere Stadt in der nächsten Zeit beehren wird.

TIPP

Das Stadtspiel „Invader" ist an diversen Wiener Hausfassaden zu finden.
Der Stadtplan mit dem Verzeichnis der eroberten Plätze ist im Subotron-Shop des Museumsquartiers Wien erhältlich.
Quelle: subotron.com/156-die-eroberung-von-wien/ und subotron.com/162-erobere-wien-zurueck-3/
Die gelbe Banane ist das Zeichen eines Kölner Künstlers für Ausstellungsorte zeitgenössischer Kunst.

BAUHÜTTEN-GEHEIMNISSE

Weil alle 12 Sekunden ein Kind an Hunger stirbt
www.caritas.at
Caritas &Du

Wo der Stein spricht

Unerforschliches St. Stephan

Der Stephansdom ist ein steinernes Zeugnis des Glaubens, und bereits ab dem 4. Jahrhundert sind hier Kultplätze und Vorgängerkirchen nachweisbar. Der heutige Dom wurde 1137 im romanischen Stil errichtet, 1147 geweiht und bis ins 16. Jahrhundert unter der Leitung vieler berühmter Dombaumeister ausgebaut. Nichts an diesem beeindruckenden Dom ist bloß reine Verzierung, jedes steinerne Zeichen hat seine – geheimnisvolle – Bedeutung. Diese Bedeutung hinter den Figuren, Zeichen und Inschriften wollen wir nun entschlüsseln.

Der Stephansdom (links): Heidnischer Abwehrzauber an der Kirchenfassade (Riesentor, unten)

Die verborgene Symbolik

Der romanische Stephansdom weist Symbole des heidnischen Abwehrzaubers und des Fruchtbarkeitskultes auf, wie die Phallus- und Vulvadarstellung an der Westfassade, die Tiere der Regenrinnen, die das Böse abhalten sollen, und der Zackenfries als Dämonenfänger.
Im Jahr 1237 wurde der Dom im gotischen Stil erweitert und ausgebaut. Ab da rückt Christus in den Mittelpunkt, der als Weltenrichter in der Mandorla der Triumphpforte sitzt. In der gotischen Architektur herrschen Zahlensymbolik und gnostische Elemente vor. Die ungerade Teilung von Kreis und Winkel und der goldene Schnitt werden nun erstmals angewendet. Die mysteriöse Herkunft des Wissens schreibt man den Templern zu, jenem geheimnisvollen Orden, der am Tempelberg in Jerusalem nach dem Schatz des Tempels suchte und geheimes Wissen aus dem Orient mitbrachte.

Das „Riesentor"

Ein trichterförmiges Portal, das Riesentor, ist der Haupteingang des Stephansdomes. Die Darstellung des sitzenden Christus mit entblößtem Knie ist ungewöhnlich und könnte auf ein geheimes Bauhüttenritual hindeuten. Eine nähere Erklärung finden Sie im nächsten Kapitel unter Maurer Zeichen im Stephansdom.

Neun Köpfe

zieren die Außenseite des Riesentores. Leider weiß man nicht, ob es sich um Porträtköpfe oder um unbekannte, also allgemeine Abbildungen handelt. Manche Forscher vermuten eine Darstellung der neun Gründungsmitglieder des Templerordens. Sind sie hier als die Urheber des gotischen Baustils verewigt?

Sieben Säulen

In der Symbolik der zwei mal sieben Säulen und den ornamentalen Steinschnitzereien des Riesentores wird die Schöpfungsgeschichte komplett dargestellt. Von unten nach oben sind in hierarchischer Reihenfolge Pflanze, Tier, Mensch, Engel und ganz oben Christus zu sehen. Das Haupttor wird zur *porta coeli,* zum Himmelstor des Himmlischen Jerusalem. Der Himmelsfürst thront über dem Eingang. Links und rechts von Christus sitzen die Zwölf Apostel und die vier Evangelisten. Der aufmerksame Betrachter wird aber nur 14 Figuren zählen, anstatt 16. Der Grund dafür: Zwei Evangelisten waren zugleich Jesu Jünger.

Tierdarstellungen

Die Tiere an der Fassade stellen Löwen, die Wächter des salomonischen Tempels dar. Wieder ein Hinweis, dass das Wissen aus Jerusalem, vom Tempelbau kommt. Der Greif ist ein Symbol für gnostisches Templerwissen über die Reinkarnation der Seele.

Jachyn und Boas

Zwei Säulen heben sich von der Westfassade ab. Sie werden allgemein als die Säulen des salomonischen Tempels, Jachyn und Boas, interpretiert. Die Freimaurer bedienen sich derselben Symbolik der salomonischen Tempelsäulen als Zeichen ihrer Nachfolge in der Tradition der Bauhütten.
An den Säulenspitzen sind zwei so gar nicht christliche Fruchtbarkeitssymbole, nämlich Phallus und Vulva, zu sehen. Sie stellen das männlich-aktive und weiblich-passive Prinzip dar. Für Dompfarrer Anton Faber sind sie Zeichen dafür, „dass wir alle als Mann und Frau hier willkommen sind, wiewohl wir eine Läuterung zum Guten brauchen". Domarchivar Reinhard H. Gruber sieht dieses überraschende Dekor als Hinweis auf ein Fruchtbarkeitsheiligtum, das vor den ab dem 4. Jahrhundert nachweisbaren Kirchen hier seinen Platz gehabt haben dürfte: „Vielleicht wollte man dessen Macht durch die Anbringung dieser Symbole brechen", meint er über die höchst ungewöhnlichen Zeichen an einer Kirche.

Heidentürme

Die oktogonalen Heidentürme stammen aus der romanischen Bauperiode. Aufgrund der verwendeten römischen Steinquader nannte man sie vermutlich die Heiden-, also nicht christlichen Türme. Römische Grabsteine wurden umgestürzt im Riesentor eingemauert. Hinter einem Greif auf der Westfassade entdeckte man erst bei der letzten Restaurierung einen römischen Frauengrabstein. Alles Heidnische scheint in jener Zeit eingemauert worden zu sein.

Die Tattermänner

Phallus- und Vulvadarstellungen an der Fassade (oben); die Tattermann-Inschrift (unten)

So auch die Tattermänner am Bischofstor, im heutigen Domshop. In einer nunmehr leeren Nische standen hinter Gittern ehemals drei Statuen, vermutlich die keltische Göttertrias: Teutates, Esus und Cernunnus. Ihre Verehrung war ab der Christianisierung verboten. Eine in der Gotik angebrachte Inschrift warnt vor der Anbetung der drei „Tattermandln", wie sie die Wiener nannten, abgeleitet vom Vatergott Teutates. Wie sehr man die heidnischen Götter verunglimpfte und Teutates zur Spottfigur machte, zeigt die in Wien noch immer gebräuchliche Bezeichnung Tatterich oder Tattergreis, für einen zittrigen, alten Mann. Auch stehen wir ziemlich dumm da, wenn wir ganz „vertattert" sind. Auch für den renommierten Kunsthistoriker Rupert Feuchtmüller war die Tattermann-Inschrift ein Beweis der Kultkontinuität heidnisch–keltisch–christlich an diesem Platz. Die Inschrift lautet:

Ir seligen alesambt glaubt in got – und wehalt Christi gebot.
Des di haidn nit habent getan – Si peten an dis taterman
Wand die sew habent berait.– Davon werden sie wol geait
In der hell fewr. – Alle frewd ist in tewr.

Gleich an der gegenüberliegenden Wand des Bischofstores finden wir Rudolfs Geheiminschrift. Sie ist entschlüsselt und verweist auf „Rudolf aus edlem Stamm, den Stifter" (für Details siehe Seite 53).

Die Bartholomäuskapelle

Die Kanzel im Stephansdom mit Dreipass- und Vierpassrädern

Rätsel über Rätsel verbirgt die Bartholomäuskapelle im Oberstock neben der großen Orgel. Was bezweckte der ehrgeizige Herrscher mit der zugemauerten Tür in der Kapelle? Sollten dort vielleicht Insignien eines zukünftigen Königs- oder Kaiserreiches aufbewahrt werden? Und stellt das Fresko hinter der Orgel wirklich Rudolf dar? In derselben Kapelle findet sich übrigens ein maurisches Symbol, und Rudolf ließ sich in einem mit Suren bestickten Brokat bestatten.

Die Kanzel

Die Kanzel im Dominneren kann man als das Opus magnum eines eingeweihten Steinmetzmeisters bezeichnen. Sein Porträt und seine Werkzeuge, Zirkel und Winkeleisen (heute auch das Zeichen der Freimaurer) sind unter der Balustrade zu sehen. Die meisterhafte Steinmetzarbeit wird Niclas van Leyden zugeschrieben, obwohl das Wappen oberhalb jenes des Meisters Anton Pilgram ist. Eine subtile Symbolik zeigen die Dreipass- und Vierpassräder im steinernen Treppengeländer. Die Dreipassräder für die Dreifaltigkeit rollen nach oben, himmelwärts, die Vierpässe nach unten, erdwärts. Die Tiere auf der Balustrade streben teils aufwärts, teils abwärts. Sie stellen das Gute und das Böse dar. Welches Tier hat welche Eigenschaft? Im Glauben des Mittelalters waren jene Tiere böse, die unter der Erde lebten, also Salamander, Kröten, Frösche, und jene über der Erde gut. Hier ist der Kampf zwischen Gut und Böse dargestellt. Ganz oben verbellt das Hündchen die bösen Eidechsen, die es bis oben zum Prediger schafften.

Der Südturm

Die quadratische Basis des Südturms symbolisiert die Welt mit ihren vier Himmelsrichtungen. Sie geht über in ein Achteck und verjüngt sich über ein Vieleck bis an die punktförmige Spitze, die für Gott steht. Zwölf Fialen (kleine Türmchen) schließen den Unterbau des Südturms ab. Aus deren Mitte erhebt sich die Turmspitze. Anschaulicher kann man Christus und die Zwölf Apostel mit den Mitteln der Architektur nicht darstellen. 343 Stufen führen über die dreifache Siebenzahl (7 mal 7 mal 7 oder 7^3) bis zur Türmerstube.

Über die Zahlenmystik des Doms berichtet ein eigenes Kapitel des Buches. Insbesondere über die geheimnisvolle Schlüsselzahl 37. Die Geheimzeichen der Maurer und Steinmetze wollen wir ebenso enträtseln wie deren geheime Hüttensprache. Die nächsten Kapitel werden uns in die geheime Hüttensprache und das Mysterium der Steinmetzzeichen einführen.

Maurerzeichen

Botschaften der Bauhütten

Die rätselhafte Figur mit dem seltsamen Handzeichen: der Dombaumeister? (links); der Kirchenverwalter? (unten)

Der Stephansdom, einer der bedeutendsten gotischen Dome Europas, wurde von der Wiener Dombauhütte errichtet. Viele berühmte Baumeister verewigten sich mit ihren Meisterwerken in dieser romanisch-gotischen Kathedrale. Sie hinterließen aber nicht nur steinerne Kunstwerke, sondern auch in Stein geschriebene Zeichen, Botschaften und vielleicht auch ihre Bauhüttengeheimnisse, die sie nur auf diesem Weg weitergeben durften.

Viel wird über die so genannten Geheimnisse der mittelalterlichen Bauhütten spekuliert. In der Natur der Sache liegt es nun einmal, nichts Genaues zu wissen. Aus Überlieferungen, handschriftlichen Aufzeichnungen und alten Bauordnungen können wir trotzdem einiges über die geheime Hüttensprache herauslesen. Worum handelt es sich dabei? Was waren das für Geheimnisse, die nur untereinander, jedoch niemals an Außenstehende weitergegeben werden durften? Was war so streng geheim, dass eine Übertretung des Verbots manchmal sogar mit dem Verlust einer Hand oder eines Fußes geahndet wurde?

Das Kopfzeichen des Dombaumeisters

Beim Eintreten in den Dom durch das „Riesentor" sieht man zwei kleine Steinfiguren hoch oben auf dem Gesims. Sie sitzen auf dem Torbogen links und rechts, als ob sie den Besucher begrüßen möchten. Allerdings ist ihre Mimik und Gestik nicht die einer Begrüßung. Es ist eine seltsame Haltung, die uns rätselhaft erscheint. Wer sind die beiden? Und was bedeutet die merkwürdige Hock- oder Kniestellung der Männer und das mysteriöse Handzeichen?

Über diese Figuren wird seit der Generalrestaurierung des Riesentors unter dem Dombaumeister Friedrich Schmidt (1825–1891) gerätselt und immer wieder versucht, aus Haltung, Mimik und Position Schlüsse zu ziehen. Schmidt bezeichnet die linke Figur mit dem Beil in der Hand als den Dombaumeister, die rechte Figur als den Domverwalter zur Zeit der Erbauung des Riesentores im 13. Jahrhundert. Er begründet seine Ansicht damit, dass die in der Torlaibung dargestellte Szene mit Christus als Weltenrichter, den Aposteln und den beiden männlichen Figuren aus einem Guss, also zur selben Zeit und aus dem gleichen Stein gefertigt wurden. Mit der Darstellung auf gleicher Höhe

mit Christus soll wohl gezeigt werden, dass auch Bau- und Kirchenmeister vor ihren Richter treten müssen. Die Figuren sind also nicht als Selbstdarstellung des Architekten und seines Bauherren gedacht, sondern sind Teil der Gerichtsszene, die alle am Bau des Gotteshauses Beteiligten mit einschließt.
„Zur Lösung der Riesentorfrage" trug auch der österreichische Althistoriker, Heinrich Swoboda, mit der gleichnamigen Publikation 1902 bei: „Die vordersten Bogenfiguren sind vermutlich am Bau beschäftigte oder beteiligte Personen. Außer dem Kollegium der Apostel finden sich hier damals lebende Persönlichkeiten, wie Stifter, Donatoren, Künstler in die Gerichtsidee mit einbezogen. Der eine vielleicht ein Pfarrer von St. Stephan (Heinrich, Leopold oder Gerhard) zwischen 1216 und 1271, der andere jedenfalls ein Werkmeister (mit Beil) des 13. Jahrhunderts.", meint Swoboda.
Die Historikerin und Leiterin des Diözesanarchivs, Annemarie Fenzl, schließt sich prinzipiell der Fachmeinung Schmidts und Swobodas an. Sie meint aber, die linke Figur könnte der erste Baumeister aus der Zeit 1137 bis 1147, Meister Octavian Falkner aus Krakau, sein. Auch Domarchivar Gruber stimmt der Deutung als Dombaumeisters zu. Die Figur hält ja eindeutig ein Werkzeug, ein Beil, in der rechten Hand. Mit der seltsamen linken Handhaltung könnte sich Falkner darüber hinaus als Meister der Bauhütte zu erkennen geben. Das so genannte „Kopfzeichen", wobei die linke Hand am Hinterkopf ruht und die Rechte am Oberschenkel oder der Brust, ist eines der Zeichen der geheimen Hüttensprache der Steinmetzbruderschaften. Gruber meint allerdings, die Figur mit dem Beil wäre ein Steinmetzgeselle, die andere ohne Werkzeug der Vorsteher der Bauhütte.
Die Forschungen des Bundesdenkmalamts anlässlich der letzten Restaurierung 2008 bestätigten zumindest, dass die Figuren des Riesentores zur gleichen Zeit aus demselben Stein und offensichtlich auch für diesen Standort gefertigt wurden.

Das Halszeichen des Steinmetzbruders

Die Figuren im Hauptportal des Stephansdoms, links und rechts von Christus auf dem Richterstuhl, stellen die Zwölf Apostel und Vier Evangelisten dar. Es sind aber nur 14 Männer, weil zwei Evangelisten zugleich Apostel waren. Im Friesband darunter sind Fabeltiere und Menschen dargestellt, meist in merkwürdigen Verrenkungen oder Körperhaltungen. Die Handhaltung eines dieser Männer gibt ein weiteres Rätsel auf, das man seit ungefähr 150 Jahren zu lösen versucht. Es handelt sich um die Büste eines bärtigen Mannes ganz rechts außen auf dem erwähnten Friesband. Greift er sich an den Spitzbart? Oder hält er die Handkante an den Hals, um das heute noch bekannte Zeichen für Halsabschneiden anzudeuten?

Die Figur mit dem „Halszeichen“

Zwei Varianten dieses Zeichens sind bekannt, beide gelten als Zeichen der eisernen Verschwiegenheit. Erstere bildet das Winkeleisen nach, wichtigstes Instrument und damit Erkennungszeichen der Steinmetze. In der Variante des rechten Winkels bestand die Handhaltung darin, dass man die vier Finger der rechten Hand so unter das Kinn legte, dass der Daumen nach hinten zum rechten Ohr oder der Schulter zeigte. Im Regensburger Statut von 1459 wird das Halszeichen bereits erwähnt und beschrieben. Die andere Variante legt die flache Handkante mit dem untergeschobenen Daumen an den Hals. Über das Halszeichen am Stephansdom berichtet Eugen Weiss in seinem Buch „Steinmetzart und Steinmetzgeist“ aus 1927: „Dieses ‚Halszeichen‘ finden wir schon im Jahr 1144 am Westportal des Stephansdoms zu Wien eingehauen im Brustbild eines bärtigen Mannes, eines Steinmetzen.“ Er deutet es als: „Eher lasse ich mir den Hals abschneiden, bevor ich das Geheimnis verrate.“ Auch im Katalog zur Freimaurerausstellung 1992 im Museum der Stadt Wien wird das Halszeichen beschrieben: „Am Bogen des Riesentores ist ein Steinmetz dargestellt, ein so genannter Geselle ‚im Zeichen‘. Ein freigesprochener Lehrling, dem die Rechte eines Gesellen zuerkannt wurden, war ‚zünftig‘, wenn er nach bestandener Prüfung seiner Kenntnisse in den geheimen Zunftbräuchen regelrecht zum ‚ehrbaren Gesellen‘ geworden war. Der ‚Ausweis‘ bestand aus Zeichen und Wort, aus Schritt, Gruß und Handhaltung. Die Figur am Stephansdom zeigt das ‚Halszeichen‘.“ *(Freimaurer, Katalog a .a. O., S. 88)*

Seit dem 19. Jahrhundert rätseln die Dombesucher über die merkwürdigen Haltungen der Figuren. Diese das Halsabschneiden andeutende Handbewegung wird sogar bis zum heutigen Tag verwendet und besitzt dieselbe Gültigkeit wie im Mittelalter. Seit fast tausend Jahren verstehen wir die geheime Sprache der Bauhütten.

Das entblößte Knie Christi

Im Bogen der Triumphpforte thront Christus in der Mandorla als Weltenrichter. Die Darstellung des sitzenden Christus mit entblößtem Knie ist ungewöhnlich und könnte ebenfalls auf ein geheimes Bauhüttenritual hindeuten, meint bereits Rupert Feuchtmüller („Der Wiener Stephansdom", 1978). Bei der Aufnahme zum Gesellen trat der Steinmetz halb entkleidet, mit verbundenen Augen, bloßer Brust und mit entblößtem linken Knie in die Bauhütte ein. Die Freimaurer folgen heute noch diesem Ritual bei der Aufnahme des Lehrlings *(Freimaurer, Katalog a .a. O., S. 88)*.
Die Symbolik ist rätselhaft, denn warum wurde Christus auf diese Weise dargestellt? Soll tatsächlich ein Steinmetzritual dargestellt werden oder handelt es sich um eine Anlehnung an römische Kaiserstatuen?

Der „Dornauszieher“

Eine Figur in einer Nische am Westportal wird als der „Dornauszieher“ bezeichnet, in Anlehnung an antike Bronzefiguren dieses Typus. Andere Publikationen sehen in dieser sitzenden Person, das linke Bein über das rechte Knie gelegt, einen Richter. Eigenartigerweise fehlen der linke Fuß und der rechte Arm. Daraus schließen manche, dass es sich hier weder um einen Dornauszieher noch um einen Richter, sondern um einen Steinmetzlehrling handelt, der das Schweigegelübde gebrochen, also das Geheimnis verraten hat. Welches Geheimnis genau das war, soll man an den fehlenden Gliedmaßen erkennen. Der Arm steht für das Längenmaß Klafter. Ein Klafter war die Armspanne eines großen Mannes und reichte vom längsten Finger der einen Hand bis zum längsten der anderen. Der Wiener Klafter maß 189,6 Zentimeter. Der Fuß steht für das gleichnamige Maß und unterteilt den Klafter in sechs Fuß. Nun hatte nicht nur jede Stadt, sondern offenbar auch der Wiener Dom ein eigenes Maß. Statt des Wiener Fußes zu 31,608 Zentimeter (= 189,6 cm : 6) verwendeten die Dombaumeister 30,81 Zentimeter. Warum? Darüber wird im Kapitel über die Schlüsselzahl des Doms genauer berichtet. Weil der Maurerbruder möglicherweise das geheime Maß des Wiener Doms verraten hatte, wurde er mit dem Abhacken von Arm und Fuß grausam bestraft.

TIPP

Stephansdom, Öffnungszeiten: 06.00–21.00 Uhr. Keine Besichtigung während der Messen.
Die geheimnisvollen Zeichen am Riesentor: Figuren mit Kopfzeichen, Halszeichen, Christus mit entblößtem Knie.

Das Geheimnis der Zahl 37

Der Schlüssel zum Dombau

Die Zahl 37 – der Schlüssel zum Konstruktionsgeheimnis des Stephansdoms

Der Wiener Stephansdom wurde nach den Gesetzen der Zahlenmystik erbaut, nach welcher Zahlen keineswegs nur irgendwelche Mengen sind, sondern Eigenschaften und spirituelle Bedeutung besitzen. Glaube–Hoffnung–Liebe, das sind die geheimen Maße des Doms. Danach bedeutet die Länge einer Kirche die Beharrlichkeit im Glauben, die Breite das Ausmaß der Hoffnung und die Höhe die Liebe zu Gott. Darum wurde immer länger, breiter und höher gebaut.
Die ersten zwölf Zahlen unserer Zahlenreihe sind die wichtigsten und inhaltsschwersten, die späteren Zahlen sind Kombinationen und Summierungen. Meist deckt die Quersumme oder ihre Wurzel das Geheimnis auf, das in der Zahl steckt. Für den heutigen Menschen ist diese Einstellung zur Zahl verloren gegangen. Eine bestimmte Zahl ragt über alle anderen Zahlen, die man im Dom als Baumaße finden kann, heraus: Es ist die Zahl 37, deren Vielfaches, Teiler oder Proportion immer wieder verwendet wurde. Sie ist die Basiszahl des Domes, das bedeutet, dass jedes Maß im Dom 37-mal genommen wurde. Warum gerade die Zahl 37? Was ist der tiefere Sinn dahinter?

Die Entdecker und ihre Teilantworten

Entdeckt wurde diese merkwürdige Zahl bei der Vermessung des Domes anlässlich der Renovierungsarbeiten 1863 durch Dombaumeister Friedrich von Schmidt. Damals verwendete man noch das alte Maßsystem von Klafter, Fuß und Elle, aber auch der Wiener Schuh und Zollmaße waren gebräuchlich. An dieser Stelle sei erwähnt, dass der Meter keineswegs erst 1889 erfunden, sondern nur als allgemein gültig ab diesem Zeitpunkt festgelegt wurde. Auch das metrische System ist uralt und bereits beim ägyptischen Pyramidenbau in Verwendung gewesen. Entschlüsselt und die mathematisch-mystische Bedeutung der Zahl 37 für den Wiener Stephansdom erkannt hat aber erst Eduard Castle (1875–1959), Wiener Literaturhistoriker und Theaterwissenschafter. Aber auch er musste kapitulieren und konnte nicht bis zum eigentlichen Sinn der Zahl und ihrem wahren Ursprung vordringen.
Viele haben sich daran versucht und auch mehr oder weniger plausible Teilantworten gefunden. So unter anderem:

- Die 37, lateinisch geschrieben XXXVII, ist das Zeichen für dreimal Christus XXX oder die Dreifaltigkeit und VII die Zahl für die sieben Tage der Schöpfung.

- Die 37 könnte aber auch aus dem Zeichen XP, dem Christusmonogramm, stammen. Die Buchstaben X(Chi) und P (Rho) haben die Stellenwerte 15 und 22 im griechischen Alphabet, in der Summe also 37.
- Eine andere Erklärung liefert das Zerlegen der Zahl 37 in 3 + 7. Damit wären die Dreifaltigkeit und die Schöpfungstage dargestellt. In der Summe ergibt sie zehn und soll die Zehn Gebote Gottes symbolisieren.
- Oder ist hier sogar der Schlüssel Salomos versteckt? Das Hexagramm mit seinen 37 Konstituanten (12 Punkten, 18 Strichen und 7 Flächen = 37)?

Die rätselhafte Schlüsselzahl

Um das Geheimnis zu lüften, müssen wir zunächst die (heute gebräuchlichen) metrischen Maße des Domes in die alten Fuß- und Klaftermaße umrechnen. Nur dann erkennen wir den Proportionsschlüssel und es erschließt sich uns die Zahlensymbolik. Ein Wiener Klafter, 189,6 Zentimeter, wird in sechs Wiener Fuß zu 31,6 Zentimeter unterteilt. Jede Stadt beziehungsweise jede Dombauhütte hatte damals ein anderes Fuß-Maß, die Unterteilung in ein Sechser- oder Zwölfersystem jedoch war einheitlich. Vom römischen Fuß mit 29,57 Zentimeter über den griechischen Fuß mit 30,83 Zentimeter bis zum Fuß mit 35 Zentimetern war in Europa alles vertreten. Der Stephansdom hat – zur Verwirrung aller, die jemals versuchten, hinter sein Geheimnis zu kommen – sein ganz eigenes Maß, und zwar: Sechs Klafter zu 37 (!) Fuß zu je 30,8 Zentimter. Sollten sechs Klafter nicht 36 Fuß sein? Nicht, wenn das Klaftermaß gleich bleibt, aber das Fußmaß verringert wird. Dann passen naturgemäß mehr Fuß in denselben Klafter. Daraus ergibt sich ein merkwürdiger Zufall oder – wie wir noch sehen werden – bewusste Berechnung: Sechs Wiener Klafter sind nämlich gleich sechs Stephansdom Klafter, obwohl das Fußmaß, wie oben gezeigt, verschieden ist. Wie ist das möglich?
Möglich wird diese wundersame Gleichung nur durch die Abweichung vom logischen Sechser-System, worin ein Klafter in sechs Fuß unterteilt wird, und durch die Einführung der neuen Unterteilung in sechs Klafter = 37 Fuß. Somit ergibt sich: 36 Wiener Fuß zu je 31,6 Zentimtern sind gleich 37 Stephansdomfuß zu je 30,8 Zentimter. Beide sind jeweils sechs Klafter oder 11,4 Meter. In dieser Zahl 37 liegt das tief verborgene Geheimnis des Doms, das sich einem erst erschließt, wenn man die Proportionen des Grundrisses und jedes einzelnen Bauteils zueinander und zum Ganzen verstanden hat.
Eine Auflistung der Dommaße möge das Gesagte verdeutlichen. Kleine Abweichungen von dem zugrunde liegenden Idealmaß sollen nicht

stören, sie finden sich auch beispielsweise beim Kölner Dom und sind zum Teil auch auf die unzähligen Renovierungen des Gebäudes seit seiner Entstehung zurückzuführen. Die Idealmaße betragen:

Langhaus Breite	34,2 m	1 x 3 x 37 =	111 Fuß	Proportion 1
Breite inkl. Türme	68,4.m	2 x 3 x 37 =	222 Fuß	Proportion 1:2
Länge	102,6 m	3 x 3 x 37=	333 Fuß	Proportion 1:3
Nordturm	68,3 m	2 x 3 x 37 =	222 Fuß	Proportion 1:2
Südturm	136,8 m	4 x 3 x 37 =	444 Fuß	Proportion 1:4
Höhe Mittelschiff	27,4 m	4/5 x 3 x 37 =	88 4/5 Fuß	Proportion 5:4
Seitenschiffe + Chor	22,8 m	2/3 x 3 x 37 =	74 Fuß	Proportion 3:2
Turmfundamente	3,7 m	12 Fuß		

37 x Fundamenttiefe ergibt die Turmhöhe

Wurde nun der Dom mit dem Wiener Klafter- und Fußmaß erbaut oder mit einem eigenen Stephansdommaß? Die Antwort lautet kryptisch: beides. Der Dom wurde sowohl mit dem Wiener Klaftermaß zu 1,98 Meter erbaut als auch mit dem Domfuß von 30,8 Zentimtern, der statt 36- nunmehr 37-mal in sechs Wiener Klafter passt. Aufgrund der Zahl 37 konnten erst die phantastischen Proportionen 111:222:333:444 der Konstruktion entstehen, die aus Dreifachziffern bestehen und im übertragenen Sinn eine Huldigung an die Dreifaltigkeit darstellen.
Die Hervorhebung der Zahl 37 ist auch bei anderen Bauteilen von St. Stephan erkannt worden. Dombaumeister Schmidt trug folgende Maße in seine Zeichnung ein:

1 x 37 = Sohlbank
2 x 37 = Fassadenhöhe
3 x 37 = Fialenspitze zwischen den Heidentürmen
4 x 37 = Kleingiebelhöhe
5 x 37 = ursprüngliche Höhe der Heidentürme

Warum hat man mit dieser Zahl gearbeitet? Was ist das große Geheimnis dahinter?

Die göttlichen Proportionen

Die Zahl 37 ist eine faszinierende mathematische Größe. Aus ihrer Vervielfachung entstehen, wie oben gezeigt, Dreifach-Zahlen, die – wiederum zueinander in Beziehung gesetzt – göttliche Proportionen ergeben. Ein Vergleich der Proportionen und ihrer musikalischen Entsprechung zeigt anschaulich, dass der Dom musikalisch schwingt. Diese für uns unhörbaren, aber wahrnehmbaren Frequenzen werden als besonders harmonisch empfunden. Die musikalischen Intervalle im Vergleich zur Architektur des Domes sind:

Der heilige Stephanus erreicht die Unio mystica, die göttliche Vereinigung: Hochaltarbild im Wiener Stephansdom

1:2	Oktave	Breite zu Nordturm, zu Südturm	111:222:444
2:3	Quinte	Gesamtbreite zu Länge	222:333
3:4	Quart	Länge zu Höhe Südturm	333:444
5:6	kleine Terz	Seitenschiff zu Höhe Mittelschiff	
5:8	kleine Sext	5/8 Schluss der Apsis	

Geniale Baumeister, die in die Geheimnisse von Harmonik, Resonanz und Proportionslehre eingeweiht waren, schufen so eine göttliche Melodie in Stein, die auf ewige Zeiten den Schöpfergott preist.

Die „Unio mystica"

Ein weiteres Geheimnis liegt in der Zusammensetzung der Zahl und ihrer Eigenschaften. Sie besteht aus den Ziffern drei und sieben und ergibt in ihrer Ziffernsumme zehn und letztendlich eins. Darin sieht die Zahlenmystik den Urgrund alles Seienden, nämlich Gott, den Schöpfer. Aus obiger Tabelle erkennen wir, dass die Drei und die Vier, ihre Addition als sieben und Multiplikation als 12 die wichtigsten Zahlen sind. Es sind heilige Zahlen.
Die Zahl *drei* ist die Verkörperung der Trinität. „Aller guten Dinge sind drei", so sagt auch der Volksmund. In den alten Religionen finden wir die Göttertrias, zum Beispiel im alten Ägypten Osiris–Isis–Horus, bei den Kelten Teutates–Esus–Cernunnus. Die Drei steht damit für den Begriff Himmel. Die Zahl *vier* symbolisiert die Welt mit ihren Himmelsrichtungen, ihren Elementen usw. und steht zahlensymbolisch für die Erde. Die Zahl *sieben:* In der Summe von Drei, für die göttliche Trinität, und Vier, für die Welt, verbinden sich Himmel und Erde und Gott und die Menschen. Sieben wurde zur Zahl der Vollendung des Werks und zur strukturgebenden Zahl: Am siebten Tag wurde die Schöpfung vollendet, sieben Tage hat die Woche. Die Zahl *zwölf* hat eine astronomische Bedeutung, abgeleitet aus der Unterteilung des Jahres und dem Tierkreis. Diese kosmischen Konstanten werden im christlichen Sinn als 12 Säulen (Zwölf Apostel) dargestellt, die das Kirchenschiff tragen.
Wie tiefgründig die jüdische Zahlenmystik ist, erkennt man erst dann, wenn man über die Grundrechnungsarten hinaus in die mathematischen höheren Sphären der Potenzen und Wurzeln vordringt. So ist der Südturm über 343 Stufen erklimmbar. Das sind 7 mal 7 mal 7 oder sieben zur dritten Potenz. Die symbolische Bedeutung davon ist, dass die höchste Potenz, also Gott, über die Schöpfung und die Dreifaltigkeit zu erreichen ist.
Der wahre Grund der Anwendung der Schlüsselzahl 37 ist demnach die angestrebte Vereinigung mit Gott. Über diese Zahl ist nach ägyptischer und kabbalistischer Überlieferung die Verschmelzung, die „Unio mystica", möglich und das höchste zu erreichende Ziel für jeden Weisheit Suchenden.

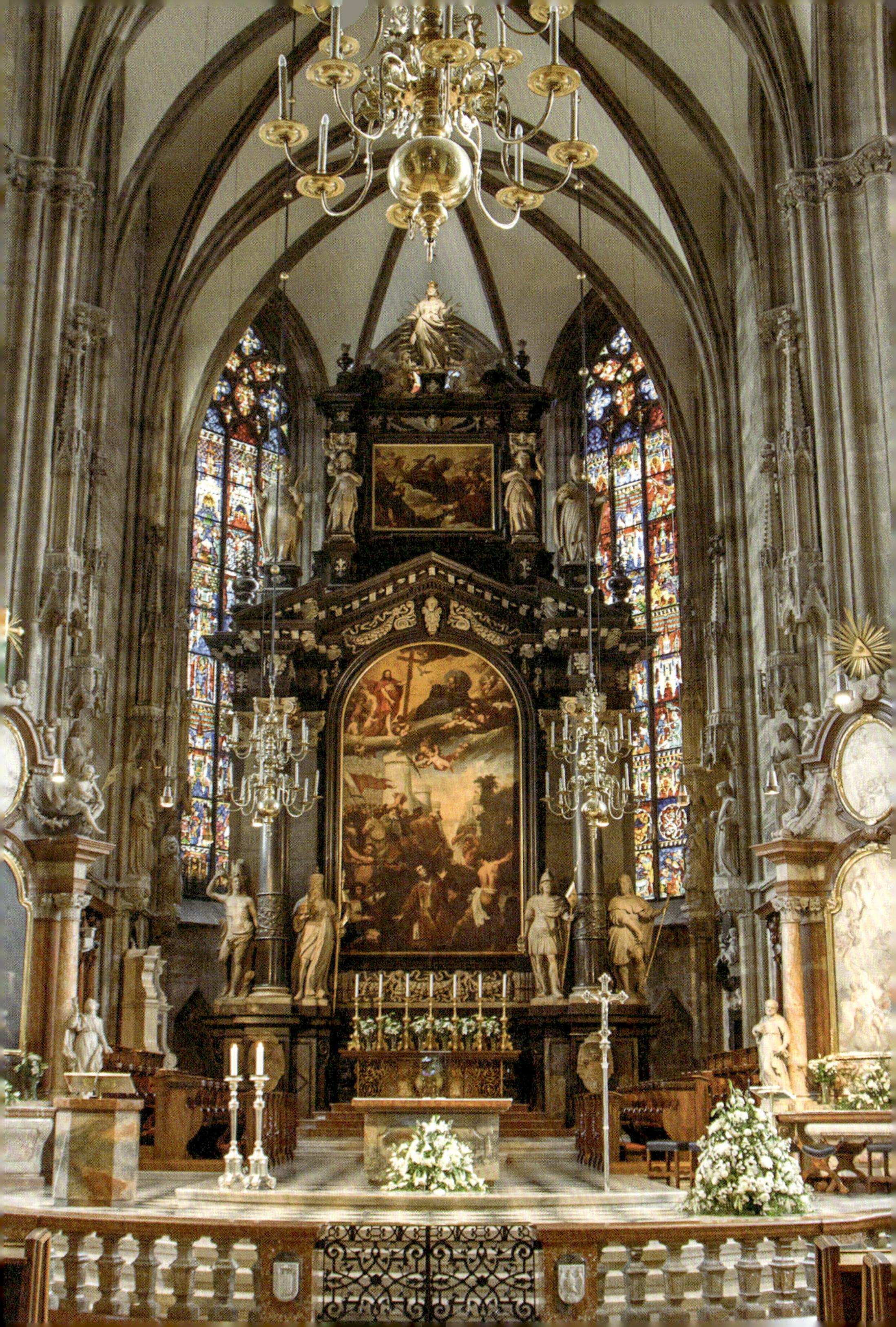

Fünf Pfennige am Tag

Das Mysterium der Steinmetzzeichen

Wer schon einmal die Mauern einer gotischen Kirche näher betrachtet hat, dem sind sicher die rätselhaften Zeichen an den einzelnen Steinblöcken aufgefallen. Keine Buchstaben oder bildliche Darstellungen, auch keine Tier- oder Pflanzenmotive, sondern geometrische Muster, gebildet aus sonderbaren Kreis- und Strichkombinationen. Je intensiver man sucht, desto mehr findet man. Manche Gotteshäuser scheinen übersät davon, andere wiederum weisen nur wenige Zeichen auf. Es sind die Zeichen, die jeder Steinmetz auf den von ihm gefertigten Blöcken anbrachte. Die Markierungen dienten dazu, das Tagwerk abzuzählen und danach entlohnen zu können. Der Tageslohn für einen Steinmetzen war fünf Pfennige, für die übrigen Werkleute und Handlanger nur drei Pfennige. Jeder Handwerker hatte sein eigenes Zeichen. Im Laufe der Jahrhunderte entstanden Tausende solcher Zeichen, die leider nur in den seltensten Fällen aufgeschrieben wurden.

Der Fenstergucker: Ist Anton Pilgram oder Gerard van Leyden der Meistersteinmetz?

Die Bruderschaft der Steinmetze

Die Steinmetze organisierten sich in einer eigenen Bruderschaft, die genaue Standesregeln erarbeitete. Das Wissen wurde nur mündlich vom Meister an den Lehrling weitergegeben und unterlag strengster Geheimhaltung. Dazu gehörten auch die bereits beschriebenen geheimen Hand-, Fuß- und Wortzeichen. Die Steinmetze arbeiteten in einer Dombauhütte gemeinsam mit den unterschiedlichsten Handwerkern, wie Tischlern, Schmieden, Schlossern usw. Es gab drei Stufen der Ausbildung: Lehrling, Geselle und Meister, wobei das Wandern zu anderen Bauhütten zwingend vorgeschrieben war. Die Position des Vorarbeiters, des „Parlierers", heute Polier genannt, gab es bereits damals und entwickelte sich aus der Notwendigkeit, die unterschiedlichen Sprachen der Wandergesellen aus den europäischen Ländern zu übersetzen. Die Bezeichnung Polier kommt nicht von „polieren, putzen", sondern von „Parlierer", abgeleitet vom Französischen *parler*, das heißt „sprechen". Es hat sich nichts geändert seit 800 Jahren, auch heute muss der Polier die Anweisungen an die verschiedensprachigen Maurer weiterleiten.

Die Dombauhütten

Kunstvolle Schmiedearbeit: Türklinke der Wiener Bauinnung (unten); Die Wiener Meistertafel aus 1627: Hunderte Steinmetzzeichen geben Auskunft über die Erbauer der Wiener Kirchen (rechts)

Im Jahr 1275 gab es bereits vier gotische Dombauhütten in Europa: Köln, Straßburg, Wien und Bern, die wiederum für untergeordnete Bauhütten in ihrem Einzugsgebiet zuständig waren. Zu ihren Aufgaben zählte die Errichtung von Sakralbauwerken, wie Kirchen, Klöster und Kapellen, erst viel später auch der Bau von Burgen, Palästen und sonstigen Adels- und reichen Bürgerhäusern. Obwohl die Straßburger Dombauhütte zur Haupthütte erwählt wurde, hatte Wien eine bedeutende Position inne. So bedeutend, dass sogar der Rudolf I. von Habsburg (1218–1291) im Jahr 1276 weltlicher Bruder der Bauhütte von St. Stephan wurde und ihr freie Gerichtsbarkeit und Steuerfreiheit verlieh.

Das Geheimnis des Mutterschlüssels

Im Schaukasten der Dombauhütte an der Nordseite des Stephansdoms gibt es ein rätselhaftes Zeichen: ein geometrisches Muster von Kreisen und Quadraten, einander eingeschrieben und gegeneinander verdreht. Es ist der „geheime Steinmetzgrund", das Allerheiligste jeder Dombauhütte. Hier handelt es sich um das Zeichen der Bauhütte Wien, das seit dem Mittelalter unverändert verwendet wird. Jede der vier oben erwähnten Bauhütten hatte ihr spezielles Zeichen. Das Straßburger Zeichen basierte auf der Quadratur, das Kölner Zeichen auf der Triangulatur, die Wiener Haupthütte nahm den Vierpass und die Berner Hütte den Dreipass als Grundlage. Diese Ausdrücke werden vermutlich so manchem unbekannt sein und sollen daher an dieser Stelle erklärt werden. Unter Quadratur versteht man das Verdrehen um 45 Grad eines dem Kreis eingeschriebenen Quadrates, in das wiederum eingeschriebene Quadrate verdreht werden. Unter Triangulatur analog dazu das Verdrehen zweier dem Kreis und ineinander eingeschriebenen Dreiecke. Als Vierpass bezeichnet man vier nach außen weisende Kreisbögen gleichen Durchmessers, die einem Umkreis eingeschrieben sind, als Dreipass die entsprechende Dreikreisvariante. Aus diesem jeweiligen geometrischen Basismuster seiner Bauhütte, dem „geheimen Steinmetzgrund", entwickelte der einzelne Steinmetz sein persönliches Zeichen. Es war sozusagen ein Ausschnitt des Mutterschlüssels und jedes Zeichen, das auf diesen gelegt wird, musste immer deckungsgleich mit Teilen des Grundmusters sein. Wir können daher heute nicht nur die Zeichen einem einzelnen Handwerker zuordnen, sondern auch seine Mutterbauhütte bestimmen. Nun enträtselt sich langsam das Geheimnis um die Steinmetzzeichen.

Die Wiener Meistertafeln

Ein einzigartiges Kulturdenkmal und einen besonderen Glücksfall für die Steinmetzzeichenforschung stellen die so genannten „Wiener Meistertafeln“ dar, eine Sammlung von ca. 600 Steinmetzzeichen mit zugeordneten Namen und Jahreszahlen. Die ältere Tafel mit der Legende der *Quattuor Coronati*, der vier Schutzheiligen der Steinmetze, wurde 1627 hergestellt und reicht bis ins Jahr 713 zurück. Die Tafel beginnt mit *Octavianus Zämer von Karlstatt war Poumeister als man zölt 760*. Ein zweiter Name lautet: *Franciscuß Sieß von Eisleben war Pourmeister als man zölt 760*. Dieser ist als Erbauer der Wiener St. Ruprechtskirche historisch belegt.

Die zweite Zunfttafel setzt die Namen der Bau- und Steinmetzmeister bis um 1900 fort. Zwei der auf dieser Tafel verzeichneten Eintragungen geben Aufschluss über das Entstehungsdatum der Zunfttafeln: *Hans Herstoffer bür. bau. u. st. meister. Lies die Taffeln machen Ano 1641* und *Josef Allio bür. bau. meister. Hat die Taffeln renoviren lasen Ano 1782*. Sie werden in den Räumen der Wiener Baumeisterinnung aufbewahrt. „Die frühen Zeichen sind natürlich rein hypothetisch und können nicht als historisch gesichert angesehen werden. Für das Spätmittelalter ist die Meistertafel aber eine wertvolle Hilfe, um historische Personen, die auch anderweitig aufscheinen, mit Steinmetzzeichen in Verbindung zu setzen“, meint die Innung über den Wert dieses Schatzes.

Das Zeichen von Meister Anton Pilgram

Einer der berühmtesten Baumeister der Wiener Dombauhütte und deren Leiter von 1511 bis 1515 war der geborene Brünner Anton Pilgram (1460–1515). Sein Zeichen ist als Wappen über dem „Fenstergucker" der Kanzel zu sehen. Ob tatsächlich auch Pilgram der Schöpfer dieses Meisterwerks ist und daher aus dem Fenster blickt, ist fraglich, denn der Entwurf zu diesem Meisterwerk wird Niclas van Leyden zugeschrieben. Wieso prangt dann über dem Fenster Pilgrams Wappen? Schmückte sich der Meister mit fremden Federn?
Pilgram dürfte ein begnadeter Selbstdarsteller gewesen sein. An der Kanzel hat er möglicherweise mitgearbeitet, aber der führende Kopf und daher die Person, die unterhalb von ihr aus dem Fenster blickt, war vermutlich van Leyden. Wer genau schaut, erkennt auch einen deutlichen Unterschied zwischen den beiden Porträts an der Kanzel und unter dem Orgelbalkon. Dort, neben der heutigen Liftauffahrt zum Nordturm, guckt jedenfalls Pilgram heraus. Er ist als Gelehrter mit Doktorhut und Talar bekleidet. Ein Schriftband mit den Buchstaben M. A. P. und die Jahreszahl 1513 weisen ihn als Magister Anton Pilgram aus. Sein Wappen platzierte er auch hier in den Rippenbögen. Er hält Zirkel und Winkeleisen in der Hand als Zeichen seiner Meisterstellung, was aber auch im übertragenen Sinn zu verstehen ist. Der Zirkel, vom lateinischen *circulum* für Kreis, symbolisiert die Bruderschaft, der rechte Winkel steht für rechtes Handeln und Denken. Ein rechtschaffener Mann wird Pilgram wohl gewesen sein, Doktor war er nicht, trotzdem ist diese unglaublich zierliche Steinmetzarbeit, die sich wie ein Blütenkelch aus einer Knospe öffnet, eine wahre Meisterleistung und ruht schwer auf Pilgrams Schultern.

Geheime Prophezeiung im Orgelfuß

Das Schriftband mit den Initialen Pilgrams birgt trotz seiner vordergründigen Klarheit eine kleine Ungereimtheit. Der Orgelfuß wurde nicht 1513, sondern erst 1516 fertiggestellt. Warum dann dieses Datum? Warum hat man vordatiert? Diese Frage konnte bisher nicht beantwortet werden. Ebenso wenig jene nach den geheimnisvollen Buchstaben unter dem Porträt Pilgrams, vermutlich R. D. J. G. R. Auch sie konnten bis jetzt nicht entziffert werden. Zwei Wiener Autoren versuchten im Jahr 2002 in einer 30-Seiten-Publikation, dem Rätsel auf die Spur zu kommen. Ihre Auslegung der Buchstaben als Prophezeiung über eine im Jahr 2012 bevorstehende Klimakatastrophe eröffnet eine ungeahnte Sichtweise auf den Orgelfuß und seinen Schöpfer. Die Autoren meinen, die Inschrift weise darauf hin, dass schon im Jahr 1513 unter Gelehrten bekannt war, dass es zu einem Klimawechsel kommen würde. Die Prophezeiung sei jedoch verschlüsselt worden und nur

Meister Anton Pilgram und die rätselhaften Buchstaben RDJGR

durch bewusstes Lesen dem Eingeweihten zugänglich. Ein weiterer Autor, David Ark, will eine Geheimbotschaft in den drei Buchstaben *M. A. P.* erkennen. In seiner Hypothese wird der Komet Apophis am 13. April 2036 die Erde rammen und eine Katastrophe auslösen. Interessant, dass beide Hypothesen aus der Inschrift M. A. P. des Jahres 1513 eine Prophezeiung einer Katastrophe des 21. Jahrhunderts herauslesen, was nur wenige von uns Zeitgenossen werden überprüfen können.

TIPP

Steinmetzzeichen an der Kanzel und Orgelfuß im Stephansdom
1010, Wolfengasse 4, Bauinnung: Die „Wiener Meistertafeln"
Die Universität Wien erarbeitete im Rahmen eines internationalen Projektes eine Datenbank der Steinmetzzeichen. Diese ist im Internet abrufbar unter: www.stonemarks.org.

Literatur

BÖHM, Viktor: Bildlexikon lateinischer Inschriften in Wien, 2009
BRUCKNER, Eva: Formen der Herrschaftsrepräsentation und Selbstdarstellung habsburgischer Fürsten im Spätmittelalter, Dissertation, Wien, 2009
BUDKA, Julia: Der Schönbrunner Obelisk. Symbolik und inhaltliches Programm des Hieroglyphendekors, Wien, 2005
DAHM, Friedrich: Das Riesentor, Wien, 2008
DRACH, C.A: Das Hüttengeheimnis vom gerechten Steinmetzgrund, Marburg, 1897
EBELING, Florian: Das Geheimnis des Hermes Trismegistos, München, 2005
FRANTZ, Josef, Lehrbuch der Metaphysik für Kaiser Joseph II. 1750, übersetzt und kommentiert Wien, 1895
JANECEK, Karl: Lateinische Inschriften an Bauwerken und Denkmälern Wiens, Wien, 1956
HABECK, Reinhard: Texte, die es nicht geben dürfte, Wien, 2011
HASSMANN, Elisabeth: Von Katterburg zu Schönbrunn. Die Geschichte Schönbrunns bis Kaiser Leopold I., Wien, Köln, Weimar, 2004, S. 418–423
KAYED, Christian: Orientalisches Wien, Wien, 2007
KRUML, Milos: Die mittelalterliche Stadt als Gesamtkunstwerk und Denkmal. Dissertation TU Wien, 1992
LUKACS/Bouchal: Da Vinci Code in Wien, Wien, 2010
LUKACS/Bouchal: Unheimliches Wien, Wien, 2010
LUKACS/Bouchal: Geheimnisvolle Unterwelt von Wien, Wien, 2011
MELLOR, Alec: Logen und Rituale der Freimaurer, Leipzig, 1985
OETTINGER, Karl: Das Werden Wiens, Wien, 1951
PALA, Giovanni Maria: Musica celata. Vertigo 2007
PERL, Helmut: Der Fall Zauberflöte. Mozart und die Illuminaten. Mainz 2006
REIDINGER, Erwin: Stadtplanung im hohen Mittelalter, Wien, 2010
RORICZER, Matthäus: puechlen der fialen gerechtikait , Regensburg, 1486 Faksimile der Originalausgaben: Das Büchlein von der Fialen Gerechtigkeit: Nachdruck, Berlin, 1965
RZIHA, Franz von : Studien über Steinmetzzeichen, Wien 1883, Reprint, Leipzig, 1989.
SCHOTTNER, Alfred: Das Brauchtum der Steinmetze in den spätmittelalterlichen Bauhütten, Hamburg, 1984
SMIKMÁTOR, Ferdinand: Esoterisches Wien, Prag, 2011
STOHL, Alfred: Der Narrenturm oder die dunkle Seite der Wissenschaft, Wien, 2000
STRASSER, Wolfgang, STUMMER, Josef: Stainbruch Plekhing & In der Zell. Die Geschichte der Neuhauser Granitregion Plöcking-Kleinzell, Plöcking, 1998
SWOBODA, Heinrich: Zur Lösung der Riesentorfrage, Wien, 1902
WEISS, Eugen: Steinmetzart und Steinmetzgeist, 1927
WENEDIKT, Albert: Aus Schutt und Ruinen, Wien, 1875

Periodika
Bauen in Wien, Festschrift der Wiener Bauinnung, 2001
Fundort Österreich: FÖ 49, 2010, Wien 1. Bezirk, Grünangergasse 8, S 468–472
Fundort Wien, Berichte zur Archäologie 9/2006. Ottakringer Rätselinschrift S 248-259
Katalog zur Sonderausstellung des Hist. Museums Wien, 1992 „Freimaurer"

Internet
www.habsburger.net
www.schlossneugebaeude.at/ngneu/l/04.htm
http://brbl-dl.library.yale.edu/vufind/Record/3519597 Voynich Manuskript
http://www.heise.de/tp/artikel/28/28719/1.html Artikel über das Voynich Manuskript
http://www.heise.de/tp/artikel/17/17995/1.html Hitlers letzte Maschinen, Enigma
http://www.dombauwien.at/dombau/pdf/der_dom_Zeitung/Der-Dom_2006_2.pdf
http://www.schlenkerla.de/biergeschichte/brauerstern/html/ausschankzeichene.html
http://www.tuerkengedaechtnis.oeaw.ac.at/ort/backerkreuz-in-der-florianiggasse/
http://www.sagen.at/texte/sagen/oesterreich/wien/16_bezirk/brunnen_schottenhof.html
http://www.muellerscience.com/ESOTERIK/Freimaurerei_Symbolik/Herkunft_Symbole.htm
http://www.malota.de/Pages/b-Rituale.htm Auszug aus „Die Bauhütten des Mittelalters", W. Malota 1989
Internetadressen zu „Die Parallelwelt vom Kahlenberg"
www.kcymaerxthaere.com/index.php/about/geographer
www.ted.com/speakers/eames_demetrios.html
www.habari.at/html/n_proj.php?id=30 bio in deutsch
www.nordlicht.at (047 Geomantisches Projekt Kahlenberg)

Danksagung

Mein Dank gilt all jenen, die zum Gelingen dieses Buches beigetragen haben. Im Besonderen:
DDr. Anna Ehrlich, für die Überprüfung historischer Fakten,
Reinhard Habeck, Wiener Mystery Autor, für Fotos der Geheimschriften der Habsburger, Dr. Erich Krenslehner für gemeinsame Forschungen über die Schönbrunn-Mysterien.
Marion Mauthe vom Pichler Verlag, für Layout und Lektorat, und Franz Vormaurer für Hinweise zum Runentor. Wolgang Schulz, Heimatforscher aus Leidenschaft, für Hinweise und Fotos über die Bierbrauer Hexagramme, und Johann Svoboda aus Stammersdorf, der das Zeichen auf dem Dach seines Hauses bewahrt.

Nachwort

Lieber Leser,

auf einem Spaziergang zu den verborgenen Geheimnissen Wiens haben wir nun gemeinsam eine ausgedehnte Reise durch die Jahrhunderte alte Geschichte dieser Stadt absolviert. Wir entdeckten Codes und entschlüsselten Botschaften, an denen der flüchtige Passant vorbei geht. Mit dem kundigen Auge des Kenners warfen wir einen Blick auf

Fassaden und Denkmäler und erforschten die seltsamen und oft rätselhaften Zeichen. Vieles liegt noch immer im Verborgenen, ist vielleicht noch gar nicht entdeckt und entzog sich unseren Nachforschungen. Welche ungehobenen Schätze liegen in Archiven, in Depots, in Urkundenschachteln?
Wenn Sie nun der Entdeckervirus befallen hat, darf ich Sie einladen, mich auf meinen Mystery Tours durch Wien zu begleiten.

Ihre
Gabriele Lukacs
www.mysterytours.at

Infos: www.wienfuehrung.com
Anfragen senden Sie bitte an: office@wienfuehrung.at

Gabriele Lukacs und ihr Fotograf Robert Bouchal sind Experten für jenes Wien, das kaum jemand besucht: Unbekannte Keller, rätselhafte Gänge und verborgene Tunnel bergen Geheimnisse fernab des Sonnenlichts, in die einzudringen bisher nur wenigen Eingeweihten vergönnt war. Das Duo erzählt vom faszinierenden Labyrinth, das die Geheimgänge, Grüfte, Katakomben, Weinkeller und Bunker der Stadt bilden und das noch an vielen Stellen erhalten ist. Ein Buch, das auch die Kennerinnen und Kenner Wiens zu verblüffen weiß.

Robert Bouchal · Gabriele Lukacs
GEHEIMNISVOLLE UNTERWELT VON WIEN
Keller - Labyrinthe - Fremde Welten

224 Seiten, 17 x 24 cm
Hardcover mit Schutzumschlag
€ 24,99 · ISBN: 978-3-85431-567-4

Das Weinviertel beeindruckt durch die Vielfalt seiner Kraftplätze – ob es nun Erdstrahlen oder kosmische Kräfte sind, die hier ihre geheimnisvolle Wirkung entfalten, oder auch Orte, die von den Menschen der Region zu Orten der Kraft „gemacht" wurden. Gabriele Lukacs ist seit vielen Jahren diesen Fragen auf der Spur und lädt zu einer spannenden Reise zu Kult- und Kraftplätzen ein: Folgen Sie der Autorin zu den Kogelsteinen von Eggenburg, zum Kalenderstein von Leodagger, zum Tumulus von Großmugl, zum Heiligenstein von Retz, zum Michelberg, zu den rätselhaften Kreisgrabenanlagen, zu den mysteriösen Erdställen und zu vielem anderen mehr!

Gabriele Lukacs
KRAFTORTE IM WEINVIERTEL
Magische Kultplätze - Geomantische Geheimnisse

224 Seiten, 17 x 24 cm
Hardcover
€ 24,99 · ISBN: 978-3-85431-612-1

pichler verlag

ISBN: 978-3-85431-730-2

Bücher aus der Verlagsgruppe Styria
gibt es in jeder Buchhandlung und im Online-Shop

styriabooks.at

Bildnachweis:
Aussichtsterrasse Kahlenberg: S. 139; *Dom- u. Diözesanmuseum*: S. 55; *Wolfgang Freitag*: S. 45 (o.), 46; *Reinhard Habeck*: 62, 63, 67; *Haus-, Hof- und Staatsarchiv*: S. 74, 75 (u.); *Imagno*: S. 65; *Kronprinzenwerk*: S. 56 (Band 3, S. 213, 1886); *Kunsthistorisches Museum, Wien*: S. 58, 65; *Panoramio/Schiffswalter*: S. 123; *Sven Posch*: Schutzumschlag Vorder- u. Rückseite, S. 1, 3/4, 5, 6, 16, 20/21, 30/31, 42, 47, 48/49, 52, 60/61, 78, 85, 96, 98, 99, 100/101, 102, 112, 113, 114, 116/117, 124, 125, 126, 127, 128/129, 130, 132, 147, 170, 178/179, 180, 181, 185, 186, 187, 190, 191, 192, 197, 198, 203; *Erwin Reidinger*: S. 12; *Manfred Seidl*: S. 201; *Julius Silver*: S. 45 (u.); *Vividani Maps*: S. 8/9; *Wien Museum*: S. 10 (I.N. 51.223), 27, 95; *Wikimedia*: S. 92, 108, 131, 140 (Thomas Ledl), 141
Alle übrigen Fotos: *Gabriele Lukacs*

Lektorat und Herstellung:
Marion Mauthe
Cover- und Buchgestaltung:
Bruno Wegscheider
Reproduktion:
Pixelstorm, Wien
Druck und Bindung:
ADUprint

2 4 6 7 5 3

Printed in EU